TIENDAS
CURIOSAS

BARCELONA

TIENDAS CURIOSAS

BARCELONA

Rafael Badía
Meritxell Margarit

EL PAIS

EL PAIS
AGUILAR

Juan Bravo, 38. 28006 Madrid.
Tel. 322 47 00. Fax 322 47 71

ISBN 84-03-59401-1
Depósito legal: M-14.357-1996
Printed in Spain/Impreso en España por Orimu S. A.

Diseño: Estudio de Comunicación/Omar Fiaño
Mapas: Infografía Claroscuro
Maquetación: José Freire

ÍNDICE

INTRODUCCIÓN

Cada ciudad tiene un carácter, un sabor propio que va más allá del trazado urbanístico y de sus monumentos de postal; algo especial que puede resumirse en uno o dos adjetivos. Barcelona, sin duda, tiene un perfil diurno y comerciante. Poner una tienda y crearse una clientela fiel es, para el barcelonés medio, una de las maneras más respetables de ganarse la vida.

La tradición tendera es consustancial a Barcelona. Basta dar un paseo por el barrio de El Born, en la Ciudad Vieja, para encontrar la huella de los gremios artesanales del medievo, que fabricaban y vendían en el mismo taller. Aún quedan estrechas calles con nombres relativos a actividades, como Caldereros, Algodoneros, Portadores; o a alimentos, como las de Quesería, Pescadería, etcétera.

Varios siglos más tarde, Barcelona sigue presa de su trajín comercial. El mundo del comercio barcelonés depara mil sorpresas agradables. Para no perderselas es necesario contar con el consejo de un experto, como esta guía de Tiendas Curiosas, donde se recogen 120 negocios, divididos en 20 especialidades y enlazados por un nexo común: el carácter excepcional de cada establecimiento, auténticos paraísos para aficionados, fetichistas y amantes del buen vivir. Además se incluye toda la información práctica necesaria, en cuanto a direcciones, horarios, transportes, tarjetas de crédito, precios orientativos, comentarios de cada tienda y sus escaparates, todas las claves para comprar mejor y de la manea más divertida y, en definitiva, meterse a Barcelona en un bolsillo.

Así es nuestra guía

NOMBRE DE LA TIENDA

ESPECIALIDAD

DATOS ÚTILES (DIRECCIÓN, TELÉFONO, HORARIO Y SITUACIÓN EN EL PLANO)

CATEGORÍA DE ESPECIAL ENCANTO DE LA TIENDA

DESCRIPCIÓN

Hogar 55

CASA OLIVERES

Dagueria, 11
Plano: pp.10-11 (100)
Tel.: 315 19 05
Zona: Barri Gòtic, Ciutat Vella
Metro: Jaume I, Liceu, Catalunya, y también en Ferrocarrils de Catalunya
Autobuses: 14, 18, 24, 38, 41, 55, 59, 91, 141

Horario: 9.00-13.00 y 16.00-19.00
Cierra: sábado y agosto
Tarjetas de crédito: ninguna
Especialidades: encaje de bolillos
Precios: patrones, desde 200 a 2.500 Pta.; pañuelos con encaje de bolillos, desde 1.500 a 8.000 Pta.

Rosa Gallifa encarna la cuarta generación de mujeres de una familia dedicada al diseño y manufacturación de encaje de bolillos. La cosa empezó en 1885 con su bisabuela, quien recogió el popular arte y destreza de las *puntaires* de Arbós del Penedés, con la intención de trasmitirla a sus hijas.

En el pequeño y oscuro cubículo donde se ubica la tienda resplandecen centenares de tiras blancas colgadas de las paredes y estanterías. Parecen galones honoríficos que ponen de manifiesto la habilidad con los bolillos o *boixets* de la dueña y maestra, pero principalmente artesana. Rosa Gallifa asegura que entre la gente que acude a sus clases hay tanto mujeres jóvenes como mayores, pero también algún que otro hombre. Según ella, "se trata simplemente de tener ganas y tiempo para dedicarse al encaje de bolillos". Una actividad nuevamente de moda, tras su rescate por parte de algunos creadores, como Almodóvar.

Rosa Gallifa explica los pormenores de su tienda sin levantar la vista de los montones de patrones y de fotocopias de encajes originales, cuya cifra sobrepasa los 2.000 diseños. Aunque muchos de estos dibujos se han dejado de reproducir mediante hilos, todos son totalmente recuperables y susceptibles de ser copiados fielmente o sometidos a variaciones.

"Aquí todo funciona por encargo", dice la señora Gallifa. No obstante, el cliente también puede escoger algunos de los artículos ya hechos, como los pañuelos. Además, en Casa Oliveres disponen de todo lo necesario para adentrarse en el intríngulis bolillero. Incluso los consejos, que salen gratis.

A DESTACAR

- Encaje de bolillos artesano
- Accesorios para hacer bolillos

ARTÍCULOS ESPECIALMENTE RECOMENDABLES

Plano 1

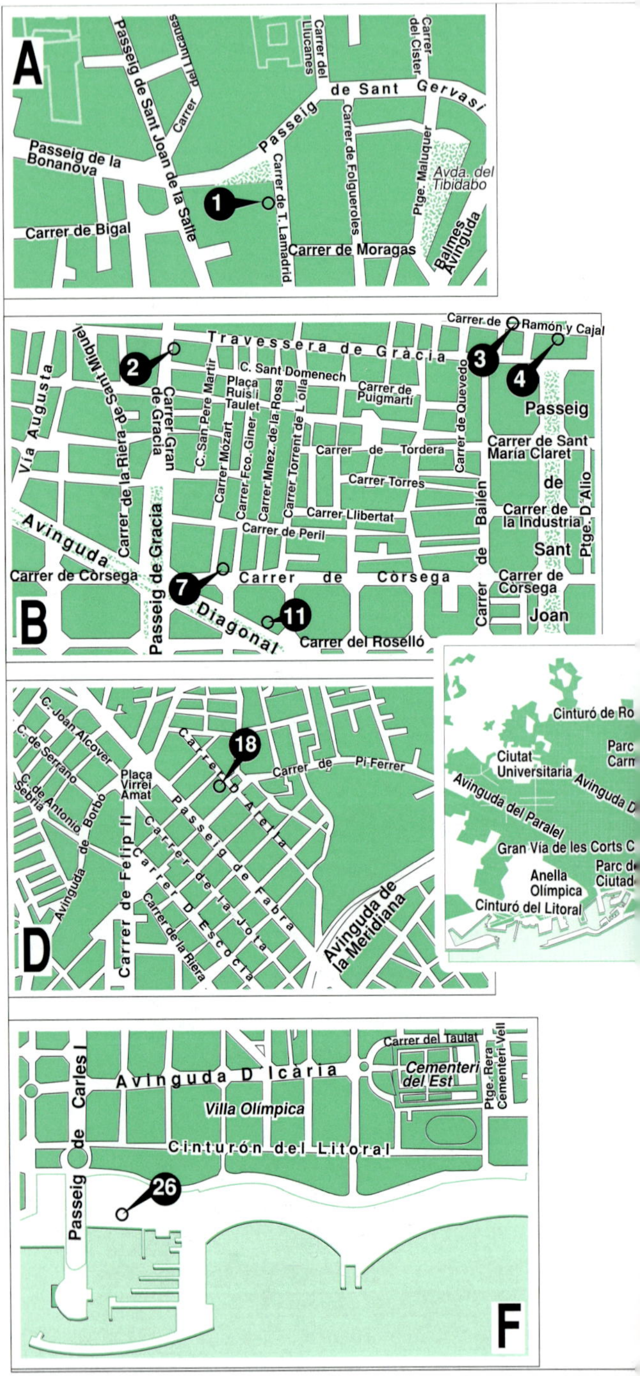
A
Passeig de Sant Joan de la Salle
Carrer del Llucanes
Carrer del Cister
Passeig de Sant Gervasi
Passeig de la Bonanova
Carrer de T. Lamadrid
Carrer de Folgueroles
Ptge. Mainquer
Avda. del Tibidabo
Carrer de Bigal
Carrer de Moragas
Avinguda Balmes
1
B
Travessera de Gràcia
Carrer de Ramón y Cajal
2
3
4
Vía Augusta
Carrer de Sant Miquel
Carrer de la Riera de Sant Miquel
Carrer Gran de Gracia
C. San Pere Martir
C. Sant Domenech
Plaça Ruis i Taulet
Carrer Mozart
Carrer Fco. Giner
Carrer Mnez. de la Rosa
Carrer Torrent de L'olla
Carrer de Puigmartí
Carrer de Tordera
Carrer Torres
Carrer Llibertat
Carrer de Peril
Carrer de Quevedo
Carrer de Bailén
Passeig de Sant Joan
Carrer de Sant María Claret
Carrer de la Industria
Ptge. D'Alio
Avinguda Diagonal
Carrer de Còrsega
Passeig de Gracia
Carrer de Còrsega
Carrer de Còrsega
Carrer del Roselló
7
11
D
C. Joan Alcover
C. de Serrano
C. de Antonio Sebria
Avinguda de Borbó
Plaça Virrei Amat
Carrer de Felip II
Carrer D'Alella
Carrer de Pi Ferrer
18
Passeig de Fabra
Carrer de la Jota
Carrer D'Escocia
Carrer de la Riera
Avinguda de la Meridiana
Cinturó de Ro
Parc Carm
Ciutat Universitaria
Avinguda D
Avinguda del Paralel
Gran Vía de les Corts C
Anella Olímpica
Parc de Ciutad
Cinturó del Litoral
F
Carrer del Taulat
Avinguda D'Icaria
Cementeri del Est
Ptge. Rera Cementeri Vell
Passeig de Carles I
Villa Olímpica
Cinturón del Litoral
26

1.-	Bike House	17.-	Alfombras Turkestán
2.-	Tea Centre of Barcelona	18.-	Cofer
3.-	Joglaries	19.-	UNICEF
4.-	Les Mil y Una Nines	20.-	Puzzlemanía
5.-	De Dreta a Esquerra	21.-	Mabana
6.-	La General Surfera	22.-	Cinemascope
7.-	Movie´s	23.-	Nihil Obstant
8.-	Expo Alfombra Irán	24.-	Greenpeace
9.-	Vértigo Cometas	25.-	Laie Librería-Café
10.-	Arguments Naturals	26.-	Jonás
11.-	Índigo	27.-	Atlántica Daro, S.A
12.-	Librería R. Seriñá		
13.-	Vinçon		
14.-	Angelus		
15.-	Altaïr		
16.-	Força 6		

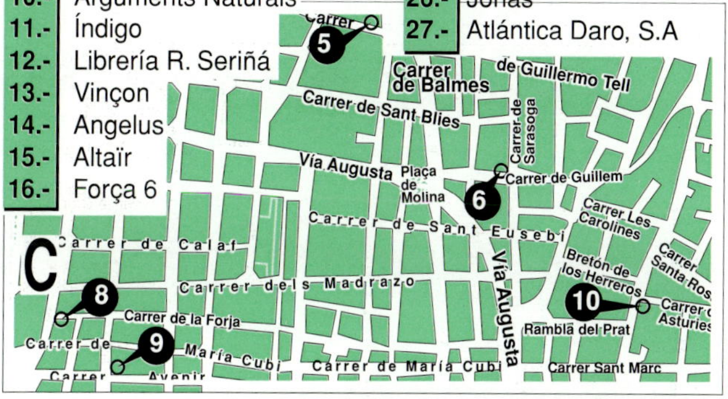

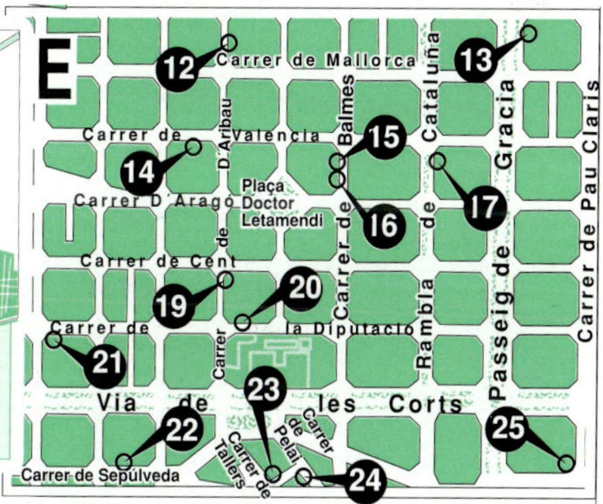

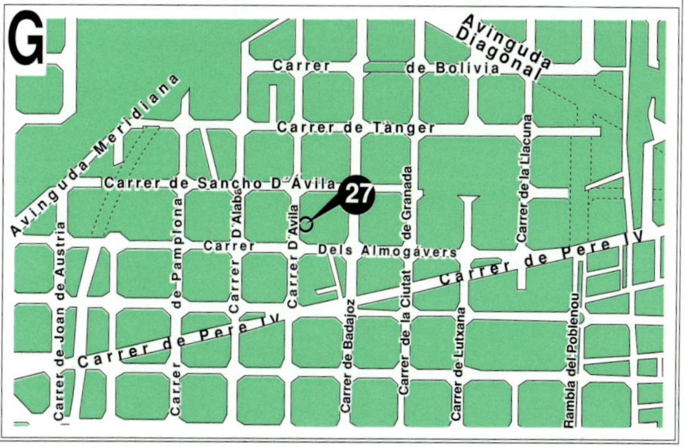

Plano 2

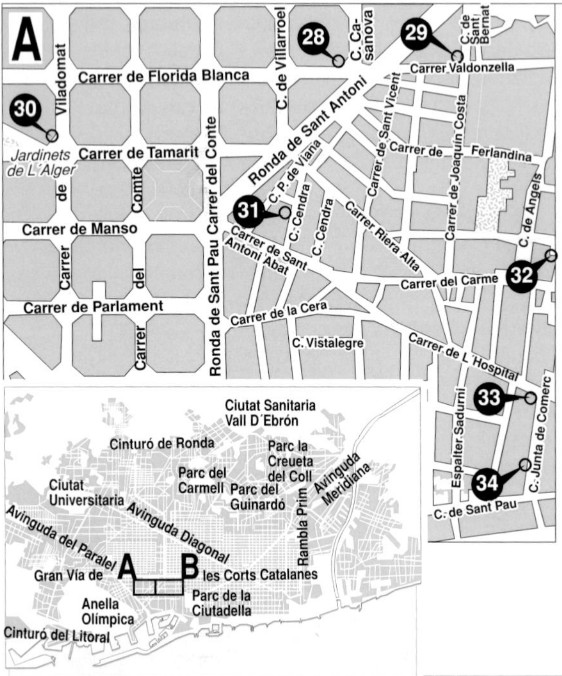

28.
29.
30.
31.
32.
33.
34.
35.
36.
37.
38.
39.
40.
41.
42.
43.
44.
45.
46.
47.
48.
49.
50.
51.

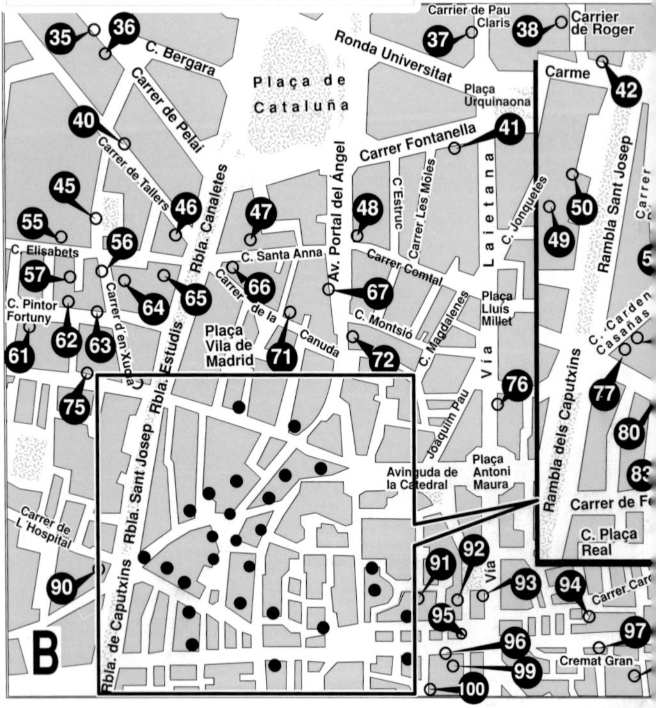

ash Coventers
asa Valldeperas 'Casimiro'
ordilleria Farrés
endra 27
alaam
l Transvaal
asa Peris
asa Palau
oto Casanova
ibes & Casals, S.A
ntermón
orma Cómics
auer
arreteria Mil
asa Parramón
a Central Estilográfica
lanelles-Donat
rkham
astelló Classica
uantería Pedro Alonso
l Suízo
etràs, Fruits del Bosc
asa Beethoven
ntig. Pasamanería J. Soler

52.- Policlínica de Bebés
53.- Drap
54.- Galería de Arquitec. en Miniatura
55.- Xavier Vidal i Roca, Luthier
56.- La Portorriqueña
57.- Artesanía Moll
58.- Ganiveteria Roca
59.- La Condonería
60.- Pino 4
61.- Etnomusic
62.- Taller Esc. Textil Teranyina
63.- Matalasseria Agustí Montfort
64.- Brodats Giró
65.- Gorgon
66.- Flora Albaicín
67.- Rosés
68.- Sillas Juan Masarellas
69.- Casa de las Bandejas
70.- Paperona
71.- Tartessos
72.- Casa Ciutat
73.- Verkerke
74.- Coses de Casa
75.- El Indio
76.- Apostolado Litúrgico
77.- Pas. y Mercería Jover
78.- Germanes García
79.- 2 Bis
80.- Incas
81.- Sombrerería Obach
82.- Cereria Codina
83.- El Ingenio
84.- Magatzems del Pilar
85.- Fills de M. Sala
86.- Gràfiques el Tinell
87.- Jeanne Weis
88.- La Manual Alpargatera
89.- Minerals Roca
90.- El Món del Clauer
91.- La Caixa de Fang
92.- Cereria Subirà
93.- Continuará Cómics
94.- El rey de la Magia
95.- Papirum
96.- Pròleg
97.- Llibreria Almirall
98.- Botiga Tèxtil
99.- Cristall
100.- Casa Oliveres

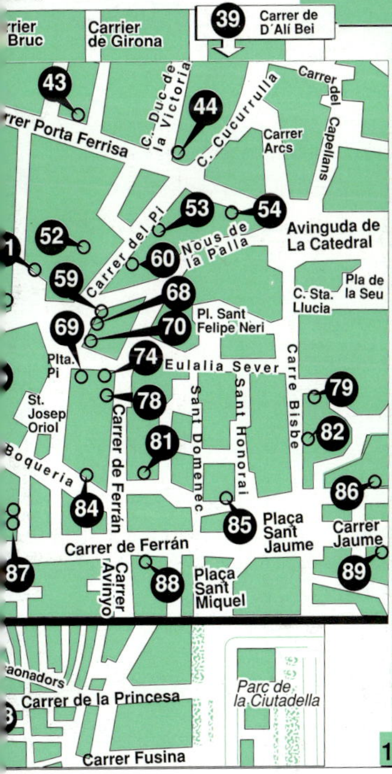

Plano 3

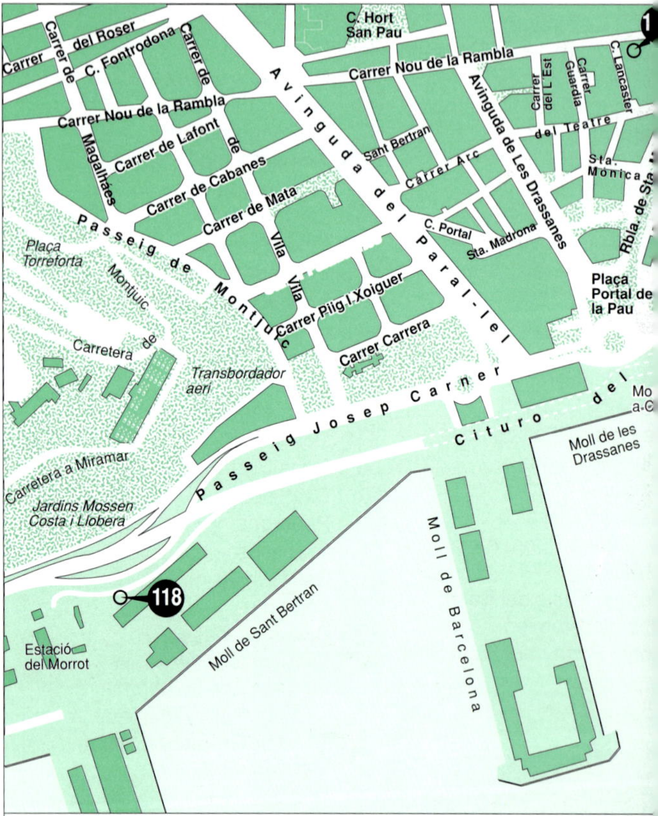

10
10
10
10
10
10
10
10
10
11

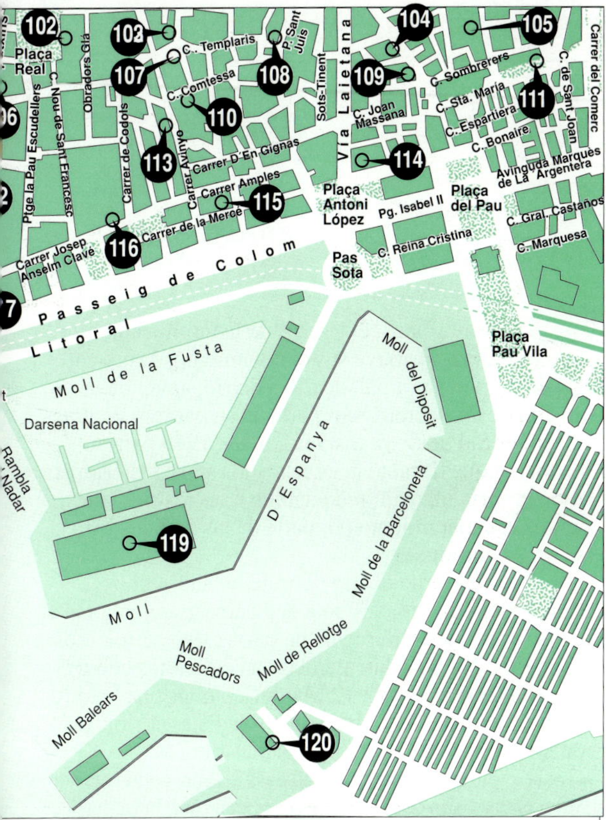

Herminia
S.O.S Racisme
Estuches y Escaparates S.A
Cafés El Magnífico
Populart
Medina
Cómplices
Llibreria Costa
a Botiga del Feltre
Gòtic Maquillatges

111.- Can Gispert
112.- Arpí
113.- Zebra
114.- L´Estanc de Via Laietana
115.- A. Aquil Li. Maggi
116.- Calçats Solà
117.- Josep Freixes
118.- Modelos Navales Riera
119.- La Botiga del Barça
120.- Nicolás Zapata S. A

CAFÉS EL MAGNÍFICO

Argenteria, 64
Plano: pp.12-13 104
Tel.: 310 33 61/319 60 91
Zona: El Born, Ciutat Vella
Metro: Jaume I
Autobuses: 17, 19, 40, 45
Horario: lunes-viernes 8.30-13.30 y 16.00-19.30; sábado tarde cerrado
Cierra: sábados julio-septiembre
Tarjetas de crédito: ninguna
Especialidades: café
Precios: mezcla de la casa, 1.200 Pta./kg; café de Java, 1.800 Pta./kg; café Moca Harrar de Etiopía, 2.400 Pta./kg.

Salvador Sans, el tercero de la familia con este nombre, atribuye sus conocimientos sobre café al interés por paladearlo a diario; amén de la trasmisión de los secretos por parte de su padre y su abuelo. El primer Salvador ya tostaba café en 1919 para su colmado, aunque durante la guerra y los años posteriores su labor se vería interrumpida debido a las restricciones, así como al acaparamiento por parte de las grandes firmas de tan escaso producto.

La empresa retomó el arte del café hacia los años sesenta o, mejor dicho, volvió a dedicarse a su venta pura y directa. Y es que a diferencia de otros establecimientos barceloneses, que más que tiendas son cafeterías con despacho de género, en Cafés El Magnífico nunca ha habido servicio de degustación. Una posibilidad que ni siquiera se concibe dentro de hipotéticos planes futuros.

¿Cuál es, pues, la gracia de esta casa? Sobre todo que Salvador Sans y sus dependientes conocen bien la materia. No sólo orientan al cliente sobre cómo moler y hacer buen café; sino que, además, le aconsejan cuál llevarse según las preferencias en aroma, cuerpo, acidez y sabor, las cuatro características definitorias de esta planta. El señor Sans asegura que el primer paso para disfrutar del café como un experto es "elegir el café que mejor se adapte al paladar de cada uno". Con esa finalidad, en Cafés El Magnífico se pueden encontrar más de treinta tipos, ya sean mezclados para crear cierto buqué, o en estado original. Los granos proceden principalmente de Centroamérica, Suramérica y el Este de África y también de algunos puntos de Asia y Oceanía, donde la producción es escasa, pero muy apreciable.

A DESTACAR

- Cafés de distintas procedencias geográficas
- Cafés de mezcla propia
- Selección de cafés *gourmet*

CAN GISPERT

Sombrerers, 23
Plano: pp. 12-13 111
Tel.: 319 75 35
Zona: El Born, Ciutat Vella
Metro: Jaume I
Autobuses: 17, 19, 40, 45
Horario: lunes-viernes 9.00-13.00 y 16.00-19.30
Cierra: sábado tarde
Tarjetas de crédito: ninguna
Especialidades: frutos secos tostados con horno de leña
Precios: según mercado: 100 gr de almendra, 180 Pta.; 100 gr de avellana, 130 Pta.

Para encontrar Can Gispert lo mejor es agudizar el olfato y seguir el olor de almendra tostada, hasta llegar a las puertas de este establecimiento, muy próximo al museo Picasso. Se trata de una tienda fundada en 1851 y totalmente conservada, cuyo lema: "Perdura en el tiempo la exclusividad del buen hacer", refleja lo que se encuentra en su interior.

Can Gispert dispone de un horno único en España, de tipo romano, con 145 años de antigüedad. Diariamente se enciende para tostar con leña de encina y olivo las almendras, avellanas, cacahuetes y piñones que ofrecen. Además de adquirir alguno de sus productos, los clientes pueden contemplar cómo Eduard Guiu, el maestro tostadero, realiza el tueste con la sabiduría que le trasmitió su propio abuelo. En Can Gispert disponen de una amplia variedad de frutos secos procedentes en su mayoría del país. Hay de todo, menos pipas y maíz tostado. Según la familia Margenat, propietaria del establecimiento desde 1993, estos son los frutos secos del vicio, del empezar y no terminar. Y es que, según manifiestan, "se tiene que recuperar el uso correcto del fruto seco: cuatro nueces de postre y unas pasas en la ensalada".

Además de los frutos secos, en Can Gispert también están especializados en la importación de condimentos de cocina de gran calidad, como salsas, aceites, vinagres o especias. Los precios de los productos, siempre por encima de los fabricados industrialmente, están condicionados por la fluctuación de un mercado siempre pendiente del tiempo y de los acuerdos comerciales con otros países productores.

A DESTACAR

- Frutos secos tostados con horno de leña
- Especies
- Aceites de oliva de gran calidad

LA PORTORRIQUEÑA

Xuclà, 25
Plano: pp.10-11 (56)
Tel.: 317 34 38
Zona: Barri Gòtic, Ciutat Vella
Metro: Catalunya, y también en Ferrocarrils de Catalunya
Autobuses: 14, 18, 24, 38, 41, 55, 91, 141
Horario: lunes-viernes 9.00-14.00 y 17.00-20.00
Cierra: sábado tarde
Tarjetas de crédito: ninguna
Especialidades: cafés, tés y chocolate
Precios: café mezcla de la casa, 1.600 Pta./kg; café de Kenia, 2.500 Pta./kg; café Moca Harrar de Etiopía, 3.000 Pta./kg.

Su nombre responde al origen de su primera propietaria, una señora de Puerto Rico casada con un catalán. Actualmente este tradicional tostadero de café pertenece a Jordi Álvarez, que lo heredó de su padre, quien a su vez, cuando era empleado del mismo, lo compró a sus antiguos dueños. El secreto de esta tienda, ubicada junto a la plaza Bonsuccés, reside en el tueste diario del café. Como dice Joan, uno de sus empleados: "El café, cuanto antes se tome, mejor". El cliente decide si lo quiere molido o en grano, y es aconsejable que diga qué tipo de cafetera usa, para que sea molido de la manera más adecuada: muy fino, casi harinoso, si se prepara como una infusión; con más grano, si lo que se usa es una cafetera italiana. Aunque disponen de nueve clases de café: Colombia, Brasil, Etiopía, Kenia, Guatemala, descafeinado de Colombia, etcétera, su producto más solicitado es la mezcla de la casa, una combinación óptima calidad-precio, que incluye cafés de Colombia, Costa Rica y Guatemala.

La fama de esta tienda le reporta clientes de toda la ciudad e incluso de poblaciones cercanas. Entre ellos destacan famosos artistas, como Josep Maria Flotats o Raimon. Incluso Manuel Vázquez Montalbán, en su novela *El laberinto griego,* pone en boca de su famoso detective: "He decidido completar mis saberes inútiles y me da clases un cafetero de la plaza Buensuceso".

Además de cafés, La Portorriqueña dispone de un amplio surtido de más de cincuenta tipos de tés, así como de un chocolate preparado especialmente para la tienda, creado con cacao procedente de Colombia y Brasil.

A DESTACAR

- Café mezcla de la casa
- Chocolate La Portorriqueña
- 55 clases distintas de tés

PETRÀS, FRUITS DEL BOSC

Mercat de la Boqueria, puestos 869 y 870
La Rambla, 91
Plano: pp.10-11 (49)
Tel.: 302 52 73
Zona: El Raval, Ciutat Vella
Metro: Liceu, Catalunya, y también en Ferrocarrils de Catalunya
Autobuses: 14, 18, 38, 41, 55, 59, 91, 141
Horario: martes-domingo 7.00-14.00
Cierra: lunes (excepto en septiembre-noviembre)
Tarjetas de crédito: ninguna
Especialidades: setas y otros frutos del bosque
Precios: 1 kg de setas variadas, que incluye 8 o 10 especies, 1.100 Pta.; conserva de setas en vinagre (300 g), 400 Pta.

Muchas verdulerías barcelonesas aprovechan la temporada de setas para vender los preciados robellones o nízcalos. También es posible encontrar otros representantes micológicos no tan conocidos, pero igualmente sabrosos, como la *llenega* o el rebozuelo. Sin embargo, todo esto no es más que una pequeña parte de la oferta que brindan los bosques otoñales. De ello da fe la familia Petràs, que cuenta con un puesto dedicado exclusivamente a las setas en el mítico mercado de La Boquería.

Esta gente de Olesa de Montserrat propone el placer de comer setas de cualquier tipo a lo largo de todo el año. Por supuesto, el tiempo más propicio es el otoño. Es entonces cuando se encargan de traer toda la variedad de hongos comestibles que brota en suelos catalanes, aunque también, si es necesario, los buscan en Canadá, Turquía, Portugal o en Europa del Este.

Los Petràs, además de servir mercancía fresca, también la congelan, la secan y la confitan. Incluso la hacen picadillo para convertirla en un polvo mágico con el que se puede añadir sabor a las sopas y guisados. "La fórmula es –le confían al cliente, al principio un poco atónito– tan sencilla como añadir un 75% de *cep* y un 25% de trompeta de los muertos".

En este puesto del mercado, junto a La Rambla, se contemplan hasta los antojos micológicos más insólitos. Por ejemplo, en los cestos de Petrás se puede encontrar, a 2.000 pesetas el kilo, la llamada *matzutake* (tricholoma caligatum), una seta de sabor muy amargo que a los japoneses les encanta.

A DESTACAR

- Setas frescas, secas y congeladas
- Todo tipo de frutos del bosque
- Caracoles

PLANELLES-DONAT

Cucurulla, 9
Plano: pp.10-11 44
Tel.: 317 34 39/317 29 26
Zona: Barri Gòtic, Ciutat Vella
Metro: Catalunya, y también en Ferrocarrils de Catalunya
Autobuses: 16, 17, 41, 55, 58, 59, 141

Horario: 10.00-20.30; abierto domingos mañanas entre 1 noviembre-2 febrero; y 9.00-21.00 en Navidad
Cierra: ningún día
Tarjetas de crédito: ninguna
Especialidades: turrones
Precios: todo a 2.000 Pta./kg.

Las tres tiendas de estos turroneros de Jijona están metidas en portales y aunque el turrón sea un producto más bien navideño, los Planelles-Donat no pretendieron jamás emular al Portal de Belén. Esta localización se debe simplemente a una solución de urgencia que esta familia valenciana tuvo que adoptar en la segunda mitad del siglo pasado. Ya en 1850 vendían sus productos artesanos en las ferias de la plaza Real y las Ramblas barcelonesas; pero el Ayuntamiento de la ciudad prohibió el comercio en las calles. Debido a esto, y como no les convenía pagar el alquiler de una tienda, se instalaron en el portal de la calle Cucurulla y más tarde en los del Portal de l'Angel.

La producción sigue siendo artesanal y originaria de la Jijona natal. Las especialidades de toda la vida son el turrón de Jijona, que aún se fabrica en dos modalidades: granulado y fino; el turrón de Alicante, que se hace como antes, con mucha almendra y poca miel; el turrón de mazapán, con fruta y sin fruta; y el turrón de yema, quemada o con canela. Las adquisiciones más *modernas*, de hace 30 ó 40 años, son el turrón de chocolate y el de coco. Los auténticamente recientes son los trufados y los de nata con nueces. También son importantes los dulces que complementan los postres de las navidades y, por qué no, del resto del año: mazapán de Cádiz, figuras de mazapán al estilo de Toledo, glorias, almendrucos, peladillas, piñones y tortas imperiales.

Aunque Planelles-Donat no exporta su turrón artesano, dispone de un servicio al cliente para hacer envíos al extranjero. Algunos de los compradores aprovechan sus visitas a estos portales para mandar tradición jijonenca a Japón, Australia o Estados Unidos.

A DESTACAR

- Turrones de Jijona
- Dulces navideños

TEA CENTRE OF BARCELONA

Travessera de Gràcia, 122
Plano: pp.8-9 ❷
Tel.: 218 40 78
Zona: Gràcia
Metro: Diagonal, Fontana; Gràcia y Provença en Ferrocarrils de Catalunya
Autobuses: 6, 15, 22, 24, 28, 33, 34

Horario: 10.00-14.00 y 16.30-20.30
Cierra: ningún día
Tarjetas de crédito: V, 4B
Especialidades: té y accesorios para su preparación y consumo
Precios: 100 gr de té de Kenia, 385 Pta.; 100 gr de Gràcia Blend, 450 Pta.; mesura, 150 Pta.

Hace unos cinco años, un turista sueco reparó, de acuerdo con su gusto, en que había una grave carencia en Barcelona: faltaba una tienda dedicada a la venta exclusiva de té. Fue así como nació el Tea Centre of Barcelona de Gràcia, que más tarde iría abriendo filiales en nuevos centros comerciales como l'Illa o Glòries Centre.

Los propietarios definen su establecimiento como "una pequeña tienda con ambiente rústico y acogedor". Están en lo cierto. Sólo con asomar la nariz, el visitante queda envuelto por una amalgama aromática procedente de las flores, las frutas, las hierbas y las especias que ensalzan el perfume original del té. Una vez dentro, los sentidos que aún están libres se concentran en las infinitas hileras de latas color crema y chocolate que son la reminiscencia de antiquísimas cocinas.

Las casi 130 variedades de té que aquí se venden se pueden dividir, básicamente, en dos clases: tés aromatizados y tés puros con denominación de origen. El frescor de todos ellos queda garantizado por su recolección manual en países tradicionalmente productores. Además, asegura Fina Munera, encargada de la tienda: "El té que se vende aquí no está tan triturado como el de bolsitas" y , añade, "es mucho menor el tiempo que pasa entre su recogida y venta".

A la gran variedad de tés de todo el mundo, con todos los aromas imaginables o incluso de mezcla propia, esta tetería añade un amplio surtido de aparatos relacionados con el ritual de esta infusión, tales como coladores, infusores y hervideros. Huelga decir que el personal del Tea Centre aconseja con buen tino a la clientela.

A DESTACAR

- Tés de mezcla propia
- Tés aromatizados
- Tés de todo el mundo
- Accesorios para hacer y tomar té

DAUER

Tallers, 48 bis
Plano: pp.10-11 ❹⓿ 40
Tel.: 318 22 41
Zona: El Raval, Ciutat Vella
Metro: Catalunya, y también en Ferrocarrils de Catalunya, Universitat
Autobuses: 14, 18, 24, 38, 41, 55, 59, 91, 141
Horario: 10.00-13.30 y 16.30-20.30
Cierra: ningún día
Tarjetas de crédito: todas
Especialidades: acuarofilia
Precios: pez *carassius*, 150 Pta.; kit de acuario de 20 l, 8.500 Pta; pez mariposa, 25.000 Pta.

A los dependientes de esta casa les basta con escuchar a sus clientes para saber qué película o espectáculo está de moda, porque su clientela se deja influenciar por el último protagonista acuático. Y si a esto le sumamos la apertura del acuario en el puerto de Barcelona, con sus impresionantes tiburones, la demanda es imposible de satisfacer: lo mismo solicitan unos hipotéticos escualos de agua dulce que muchos niños pretenden llevarse a casa; o pirañas, éstas sí disponibles al módico precio de 1.500 pesetas la unidad, especie muy solicitada desde que se exhibió una película, tremendista como pocas, donde estos peces se comían a todo bicho viviente.

Pero no todo son truculencias. Esta tienda de la concurrida calle Tallers, abierta al público desde los años treinta, ofrece mucho más que especies exóticas agresivas. Eso, claro está, siempre que esté relacionado con los peces de acuario, el tipo de fauna en el que se ha especializado el negocio. Tanto da que se trate de pequeños *carassius*, que casi se venden a puñados, como de vistosos peces disco o mariposa, estos últimos a precios considerables.

El cuidado de los peces precisa de bastante más elementos que los propios animales. En Dauer pueden encontrarse equipos completos de acuario de cualquier capacidad (hasta 1.400 litros), de diferentes precios. También disponen de elementos accesorios, tales como plantas; y, por supuesto, de bibliografía para convertirse en un especialista, ya sea de especies de agua dulce o salada. El buen consejo y los conocimientos del personal son otro valor añadido de este establecimiento.

A D E S T A C A R

- Peces de agua dulce
- Peces de agua salada
- Acuarios y accesorios

GRAFIQUES EL TINELL

Freneria, 1
Plano: pp.10-11 (86)
Tel.: 315 07 58
Zona: Barri Gòtic, Ciutat Vella
Metro: Jaume I
Autobuses: 17, 19, 40, 45
Horario: 10.00-14.00 y 16.00-19.00
Cierra: agosto
Tarjetas de crédito: todas
Especialidades: xilografías iluminadas a mano
Precios: ilustración con molde del siglo XVII, 1.600 Pta.; ex libris (100 unidades), 1.995 Pta.

Lo más parecido a una bombonera: una vez abierta la caja, dan ganas de darse un atracón, de acaparar el contenido. Así es el surtido de Grafiques El Tinell, un pequeño negocio en una estrecha calle cerrada al tráfico, a pocos metros del ábside de la catedral de Barcelona. Una imprenta-taller peligrosa para las economías domésticas. Y no precisamente por los elevados precios de las postales, ilustraciones o sobres con impresiones. Incluso parecen demasiado baratos. Pero es que, una vez traspasada la puerta de esta casa, es difícil, muy difícil, resistirse a comprar otro tarjetón o ése ex libris con un gato modernista.

Buena parte de la culpa la tiene Doña María, la veterana regenta de El Tinell. Con un poco de interés que manifieste el cliente, ella estará encantada de enseñarle no sólo todo el muestrario, sino lo que es mejor, la imprenta-museo de la trastienda y, por supuesto, la mecánica de trabajo, que se realiza principalmente con moldes de los siglox XVII y XVIII.

El proceso es el siguiente: primero se imprimen los trabajos sobre buen papel, con una vieja máquina, para lo que se cuenta con 5.000 moldes distintos realizados a mano, una colección de originales en madera de boj y cerezo que se ha ido ampliando durante los últimos cuatro siglos. Una vez realizada la tirada, la propia regenta colorea –el término correcto es *ilumina*, como si fueran los vidriales de una iglesia– las ilustraciones con acuarela. El resultado es toda una iconografía que revive un mundo aparentemente ya pretérito, con una estética afín y contemporánea a la de las cartas del tarot o del bestiario catalán.

A DESTACAR

- Ex libris
- Tarjetones
- Ilustraciones

LA CAIXA DE FANG

Freneria, 1
Plano: pp.10-11 91
Tel.: 315 17 04
Zona: Barri Gòtic, Ciutat Vella
Metro: Jaume I
Autobuses: 17, 19, 40, 45
Horario: 10.00-14.00 y 16.30-20.30

Cierra: ningún día
Tarjetas de crédito: todas
Especialidad: cerámica popular utilitaria
Precios: azulejo de los vientos, 650 Pta.; botijo de La Bisbal, Girona, 950 Pta.; tinaja decorada de Granada, 7.900 Pta.

Este negocio recupera y actualiza el espíritu de las casas catalanas de *plats i olles*, aquellos establecimientos que vendían productos de barro y madera para la cocina diaria. Ésa es la voluntad expresa de su propietario, Marcelí Garreta, como también la principal virtud de este coqueto negocio abierto al público desde 1977, a unos pasos de la catedral y en el mismo edificio de la imprenta Gràfiques El Tinell.

Pero por mucho que se empeñe su dueño en reseñar el carácter práctico de su mercancía, lo cierto es que la mayoría de los turistas se acercan a la Caixa de Fang para curiosear y comprar objetos para adornar su casa. Un vistazo a las estanterías repletas de piezas de toda España, a excepción de Canarias, es más que suficiente para que el aficionado, o quien cuente con un mínimo de sensibilidad, empiece a hacer mentalmente cuentas de cuántas piezas puede costearse de una vez. La elección tampoco es sencilla, puesto que la oferta va desde la sutilidad de la cerámica decorada de Granada o del vidrio soplado mallorquín, a las piezas pintadas de Teruel; por no hablar de todas las variedades propias de Cataluña, como las de Miravet, La Bisbal o Breda.

Una solución intermedia para el cliente, que combina adorno con uso práctico, son los juegos de café, los boles y las vajillas. Estas piezas tienen muy buena aceptación por parte de la clientela habitual barcelonesa, que goza de la reputación de cuidar mucho los detalles hogareños. Un público, en opinión de Garreta, que ha pasado del "interés casi antropológico de hace veinte años, a la aceptación del barro como un elemento más de la vida cotidiana".

A DESTACAR

- Cerámica
- Vidrio soplado
- Cubiertos de madera

POPULART

Montcada, 22
Plano: pp.12-13 105
Tel.: 310 78 49
Zona: El Born, Ciutat Vella
Metro: Jaume I, Barceloneta
Autobuses: 17, 39, 40, 45, 51
Horario: 11.00-15.00 y 17.00-20.00
Cierra: ningún día
Tarjetas de crédito: todas
Especialidades: artesanía popular
Precios: rana de juguete en latón, 1.100 Pta.; sifón antiguo, 5.000 Pta.; botijos de Cuenca, 6.000 Pta.

Popular lleva creciendo un cuarto de siglo a la sombra de Picasso. O mejor dicho, a la de su museo, ya que en la misma calle Montcada se encuentran dicho establecimiento y la institución dedicada al genial pintor malagueño, foco de interés turístico que atrae a miles de visitantes cada año, la mayor parte de los cuales aprovecha la ocasión para echarle un vistazo al vecino escaparate repleto de artesanía.

Otro asunto bien distinto es que compren o no. Muchos sólo observan. Pero no pocos se encaprichan con los juguetes de latón, las camisetas con dibujo de *rajoles* –azulejos decorados–, o alguna pequeña pieza de artesanía latinoamericana. Los clientes más memorables son, en opinión del dependiente, “aquellos que hacen grandes compras, como un turísta alemán que se llevó de golpe una docena de sifones antiguos de cristal tallado”.

La diversidad actual de la oferta de Populart contrasta con el espíritu inicial de la tienda, fundada por su actual propietaria, Antonia Pelauzy. En un principio, la mayor parte del material a la venta consistía en alfarería de toda España, a lo que se añadía algún objeto de anticuario. Cinco lustros más tarde, el producto latinoamericano parece haberle ganado la partida al ibérico. Al menos eso parece, a juzgar por el muestrario y la gran aceptación que tienen las telas o las muñecas guerrilleras de Chiapas, confeccionadas por mujeres indígenas. Aun así, Populart sigue siendo punto de referencia para quienes buscan en esta ciudad trabajos en barro del país. Un buen botijo conquense, un juego de platos con el dibujo característico granadino o la diversidad de la cerámica ampurdanesa de La Bisbal son, en Populart, eternos valores en alza.

A DESTACAR

- Alfarería española
- Tapices latinoamericanos
- Máscaras latinoamericanas

CINEMASCOPE

Sepúlveda,177
Plano: pp.8-9 ㉒
Tel.: 451 24 92
Zona: Sant Antoni, Eixample
Metro: Universitat
Autobuses: 9, 24, 41, 50, 55, 56, 64, 141
Horario: 10.30-14.30 y 17.00-20.30
Cierra: lunes
Tarjetas de Crédito: ninguna
Especialidad: coleccionismo cinematográfico
Precios: postales con reproducciones de carteles de cine, 90 Pta.; carátulas para cintas de vídeo con adhesivos, 200 Pta.; carteles de cine, 500 Pta.

El origen de esta tienda para cinéfilos es un puesto del Rastro dominical en el cercano mercado de Sant Antoni. En esta parada, todavía en funcionamiento, llevan años vendiendo reproducciones y originales de la iconografía cinematografica, que se ordena alfabéticamente. Es decir, postales con imágenes emblemáticas de centenares de películas, colecciones de cromos o afiches, las fotos-anuncio tamaño folio con escenas clave, así como carteles de películas de todo el siglo.

Sin embargo, lo que más solicitan son las carátulas para estuches de vídeo, con las que los aficionados dotan de impecable presencia a sus grabaciones caseras. Los más fetichistas también cuentan con retratos hechos en estudio de actores y actrices de moda. En opinión de Joan, el joven encargado, este último apartado "es el que mayor interés suscita entre la clientela femenina adolescente, que devora las fotos de Johnny Depp, Brad Pitt y John Travolta".

Cinemascope es un establecimiento que pretende rescatar el saborcillo clásico del cine. Una voluntad manifiesta no sólo en la buena oferta del material de toda la vida, sino también en los elementos decorativos de la casa, entre los que se encuentran las cuatro butacas rescatadas del antiguo cine Arenas. Sin embargo, el signo de los tiempos empuja hacia otra parte. Aunque todavía se venden muchos carteles de *Casablanca*, la mayoría de los clientes vienen en busca de la parafernalia relativa al cine contemporáneo americano, especialmente el violento. Baste un dato para hacerse idea: se vende más de la camada Tarantino que de todo el cine francés de posguerra.

A DESTACAR

- Postales con reproducciones de carteles
- Carátulas de cintas de vídeo
- Carteles

GORGON

Bonsuccés, 13
Plano: pp.10-11 (65)
Tel.: 302 51 44
Zona: El Raval, Ciutat Vella
Metro: Liceu, Catalunya, y también en Ferrocarrils de Catalunya
Autobuses: 14, 18, 34, 38, 41, 55, 59, 91, 141
Horario: 10.00-14.00 y 16.00-20.30
Cierra: ningún día
Tarjetas de crédito: todas, excepto AE y 4B
Especialidades: venta de vídeos de películas de terror y ciencia-ficción y objetos complementarios
Precios: camiseta *gore-girls*, 2.495 Pta.; videocasete *Holocausto caníbal*, 2.495 Pta.; *láser disc, Maniac*, 8.995 Pta.

Unos actores con muy mal aspecto. Y también mucha carne picada. Mejor no preguntar el origen. Ésta es la primera impresión que esta casa depara a los no iniciados en el cine más truculento. Gorgon es el paraíso de los horrores fílmicos. Verdaderos clásicos, a juicio de la mayoría de la clientela. "Que es muy seria y respetable", según afirman al unísono Jesús y Mike, unos aficionados del género que han convertido, desde mayo de 1995, la pasión en negocio. "Aquí los *freaks* (tipos raros) son habas muy contadas".

Los clientes habituales son exigentes y políglotas, porque en Gorgon la mayor parte del material a la venta –unos 1.500 títulos, ninguno en alquiler– está en idioma original. En concreto, el 65% en inglés y el resto en castellano. Igual proporción se mantiene para las revistas y los libros con documentación relativa a las cintas disponibles en las estanterías y expositores. Éstas se dividen en tres grandes grupos: ciencia-ficción; terror –desde *Psicosis* a las repulsivas películas *gore* que, según los dueños, son las preferidas de algunas amas de casa– ; o las denominadas de culto, como es el caso del filme *Taxi Driver*, de Martin Scorcese.

Todo ello, además, en un ambiente participativo, propio de verdaderos coleccionistas que saben el latín del género morboso. Este submundo que abarca desde el filme que da nombre a la tienda, una película de terror inglesa de 1965, hasta los nuevos autores de cortos españoles, que allí firman ejemplares.

A DESTACAR

- Cintas de vídeo
- Camisetas
- Revistas

LIBRERÍA R. SERIÑÁ

Aribau, 114
Plano: pp.8-9 ⓬
Tel.: 454 96 33
Zona: Eixample Esquerra
Metro: Provença y también en Ferrocarrils de Catalunya
Autobuses: 20, 21, 43, 44, 54, 58, 64, 66
Horario: lunes-viernes 10.00-13.30 y 16.00-20.00
Cierra: sábado tarde y agosto
Tarjetas de crédito: ninguna
Especialidades: coleccionismo y librería cinematográfica
Precios: *pressbook* de películas, desde 300 Pta.; fotografías en blanco y negro, a partir de 500 Pta.; carteles antiguos, más de 100.000 Pta.

La Librería Seriñá es toda una institución entre los amantes del cine de la ciudad. Abierta en 1970, es una de las tiendas pioneras de España en la venta de objetos de coleccionismo cinematográfico.

Su fundador, Ramon Seriñá, hoy retirado y antiguo operador de cámara, decidió abrir la tienda después de un viaje a Londres, donde ya existía una amplia tradición en el coleccionismo cinematográfico. Actualmente quien está al frente del negocio es su hijo.

A diferencia de otras tiendas de similares características, Seriñá dispone de un amplio surtido de libros sobre cine y es vendedor en exclusiva en Barcelona del *Cineguía* (5.100 Pta.), el anuario oficial de la empresas y profesionales del sector cinematográfico español. Aparte de los libros, los estantes de Seriñá están repletos de los habituales objetos de coleccionismo cinematográfico: revistas, pósters, programas, carátulas de vídeo, fotografías de actores y escenas de películas, vídeos de filmes clásicos en versión original, etcétera.

En este establecimiento, que tiene cierto airecillo de santuario del séptimo arte, los objetos más preciados son los carteles originales de viejas películas españolas. En concreto, la joya de Seriñá, un póster original de *La máscara de hierro* de 1929, supera las 150.000 Pta., cifra modesta si se compara con los más de 3 millones que puede costar un cartel original de *Chico,* de Charles Chaplin.

Otro grupo de objetos curiosos de este templo del coleccionismo cinematográfico son las postales de actores del cine mudo, anteriores a 1930.

A DESTACAR

- Libros sobre cine
- Carteles de películas antiguas españolas
- Fotografías de actores y de películas en blanco y negro

MOVIE'S

Còrsega, 339
Plano: pp.8-9 ❼
Tel.: 217 70 39
Zona: Gràcia
Metro: Diagonal
Autobuses: 7, 16, 17, 22, 24, 28, 39
Horario: lunes-viernes 17.00-20.00; sábado 11.00-14.00
Cierra: agosto
Tarjetas de crédito: ninguna
Especialidades: coleccionismo cinematográfico
Precios: carátulas de vídeo, 200 Pta.; fotos de actores en blanco y negro o color, de 595 a 650 Pta.; carteles antiguos de películas, a partir de 5.000 Pta.

Un día Romina Power entró con Albano en esta tienda para solicitar todo el material que tenían de su padre. A Marta, la propietaria de Movie's, le llevó un buen rato reunir las fotografías, pósters, carátulas de vídeo, programas de mano, etcétera, de Tyrone Power. Al fin se lo entregó todo a la hija sin atreverse a cobrarle. Romina tomó el material dándole las gracias sin demasiadas efusiones. Albano, más tímido o atento, le prometió a Marta su último disco dedicado. Nunca lo recibió.

Tyrone Power sólo es una de la muchas estrellas que brillan en el cielo del séptimo arte, así como en las fotografías y otros productos que llenan los estantes de Movie's. Es tan amplio el material de que disponen que anualmente editan un catálogo que se puede adquirir allí mismo o por correo, por 495 Pta. Por poner cifras, tienen más de 1.000 modelos de fotografías en blanco y negro o color y alrededor de 4.000 carátulas distintas. Precisamente éste es uno de los productos más solicitados por los clientes. Muchos visitan Movie's semana tras semana en busca de las carátulas para vídeos de las películas emitidas por televisión.

Una de las peculiaridades de este santuario del cine es un extenso archivo con más de 30.000 documentos, elaborado a lo largo de 25 años por Roberto Robert, esposo de la propietaria de Movie's. Se pueden hacer consultas y pedir reproducciones fotográficas.

Movie's, además de vender, también compra material de promoción cinematográfica antiguo, si bien Marta reconoce que "en comparación con otros países, aquí hay pocos coleccionistas".

A DESTACAR

- Fotografías de actores
- Pósters
- Carátulas de películas para vídeos

ARKHAM

Ramelleres, 5
Plano: pp.10-11 (45)
Tel.: 412 24 07
Zona: El Raval, Ciutat Vella
Metro: Catalunya, y también en Ferrocarrils de Catalunya
Autobuses: 14, 18, 24, 38, 41, 59, 91, 141
Horario: 11.00-14.00 y 17.00-20.00
Cierra: ningún día
Tarjetas de crédito: ninguna
Especialidades: coleccionismo de juguetes
Precios: figura de PVC de Beavis and Butthead, 500 Pta.; escultura de metal, edición limitada, de Luke Skywalker y Darth Vader, 20.000 Pta.; figura tamaño natural de Yoda, realizada en látex y certificada por Lucas Films, 70.000 Pta.

Arkham es el nombre del manicomio donde irremediablemente terminan todos los villanos del cómic *Batman*; también el de esta tienda muy cercana a la plaza Bonsuccés. En ella se puede encontrar una amplia gama de juguetes producidos a partir de las películas, series de televisión y cómics de ciencia ficción más populares de los últimos veinte años. Además de productos inspirados en filmes de éxito, se venden otros que han hecho historia, como los Geyperman o los Madelman, el único producto español digno de convivir entre tanto superhéroe. Precisamente la mayoría de los productos de Arkham son muñecos articulados basados en los personajes de las historietas. Algunos de ellos sorprenden por el gran parecido que mantienen con los actores que encarnan a los personajes de las películas.

El coleccionismo de juguetes basados en éxitos del cine y la televisión responde a la lógica de la cultura de masas. Enric, propietario de la tienda, pone como ejemplo una figurilla de la princesa Leia de la *Guerra de las Galaxias*: producida en 1995, de una colección de más de 300 personajes, tiene una inmensa demanda, porque sólo se ha comercializado en los Estados Unidos y en un número muy inferior al resto de sus compañeros de colección.

Casi el 100% de los productos de Arkham han sido diseñados en Estados Unidos y fabricados en China. Además de vender, Enric, como todo buen coleccionista, cambia y compra estos peculiares *huéspedes* de su tienda. Acudir a este establecimiento vestido de superhéroe no garantiza ningún descuento; pero sí una buena charla con los habituales.

A DESTACAR

- Muñecos articulados de películas y series de televisión

CRISTALL

Jaume I, 16
Plano: pp.10-11 99
Tel.: 268 44 52
Zona: Barri Gòtic, Ciutat Vella
Metro: Jaume I
Autobuses: 17, 19, 40, 45
Horario: 9.30-14.00 y 16. 30-20.00
Cierra: 1 semana en agosto

Tarjetas de crédito: todas, excepto AE y 4B
Especialidades: minerales y fósiles
Precios: piedra de pirita (colección didáctica), 100 Pta.; ágata del Brasil (decoración), 2.200 Pta.; geoda de amatista del Brasil, 150.000 Pta.

Este negocio de minerales está orientado principalmente al gran público. A diferencia de Minerals Roca, que está en la misma calle, tres portales más arriba, aquí no se suelen exponer piezas espectaculares, ni rarezas dignas de atención por parte de geólogos. Muy por el contrario, la mayoría de lo expuesto no sobrepasa los pocos miles de Pta. El grueso del fondo lo componen ágatas y cuarzos, además de trabajos de bisutería, preferentemente orientados hacia una clientela que no suele saber gran cosa acerca de los minerales. Son personas que acuden a Cristall en busca de objetos decorativos, regalos destinados a descansar sobre el aparador o la mesita del salón. "Muchas veces tenemos que advertirles –confiesa Luis Costa, uno de los vendedores– que algunos colores de las ágatas no son naturales, sino trabajos realizados en el lugar de origen, sobre todo en Brasil".

Sea el producto natural o manufacturado, lo cierto es que a esta casa también acuden quienes encuentran posibilidades terapéuticas en los minerales. Algunos afirman que basta tocar cristal de roca para eliminar la tensión y la ansiedad. Que, en pocas palabras, se sienten mejor. Sobre este tema, los vendedores de Cristall no creen ni dejan de creer.

Otro aspecto del negocio son los minerales orientados a las colecciones escolares. Estas pequeñas piedras se encuentran al alcance de todos los bolsillos en los dos sentidos de la frase. "Algo que se debe asumir –continúa Luis Costa– es que más vale que nos roben una pequeña pieza a tener que vernos obligados a poner cristales de por medio, pues en esto de los minerales el tacto es muy importante".

A DESTACAR

- Minerales para decoración
- Bisutería
- Minerales para colecciones escolares

DRAP

Carrer del Pi, 14
Plano: pp.10-11 (53)
Tel.: 318 14 87
Zona: Barri Gòtic, Ciutat Vella
Metro: Liceu
Autobuses: 14, 18, 38, 59
Horario: 10.00-13.30 y 16.30-20.30

Cierra: agosto
Tarjetas de crédito: todas
Especialidades: casas de muñecas, mobiliario y complementos
Precios: silla, 2.000 Pta.; habitación completa, 20.000 Pta.; casa vacía, 100.000 Pta.

Si alguien desea convertirse en decorador de lujo, o ver hecha realidad la casa de sus sueños, puede encontrar la solución en Drap. Esta tienda está especializada en casas, mobiliario y complementos a escala 1:12, medida internacional. Todo el género es de estilo clásico, de clara tendencia centroeuropea y anglosajona; de hecho, la mayoría de los artículos proviene de Alemania y Gran Bretaña. Crear la propia casa de muñecas y decorarla es una afición que exige tiempo y dinero. Eso sí, compensa de sobra la inversión que se tendría que hacer para lograr lo mismo a tamaño real.

Quien lo prefiera, en vez de la casa ya montada, con fachada o sin ella, puede adquirir un juego que le permita desarrollar sus dotes de constructor. En Drap hay a la venta tejas, chimeneas, puertas, papel de empapelar paredes, máquinas de coser, espejos, cestos para la ropa sucia y todo aquello que cualquiera desee utilizar en su casa. Según Pilar Durán, la propietaria, lo que llama más la atención son los cuartos de baño: "Tienen de todo, hasta perfumes y jabones". El cliente también puede llevarse el módulo que más le apetezca, sin necesidad de comprar una casa entera; es decir, Drap ofrece la oportunidad de reproducir cocinas o comedores aislados tantas veces como uno desee.

Drap diseña y produce sus propios modelos de casa. Pilar Durán saca muchas de sus ideas de los dibujos animados extranjeros y afirma tener un montón de cintas grabadas para estudiar detenidamente las peculiaridades de cada edificio.

A DESTACAR

- Casas de muñecas
- Juegos para construir su propia casa de muñecas
- Mobiliario y complementos

EL MÓN DEL CLAUER

Hospital, 31- 33
Plano: pp.10-11 90
Tel.: 412 35 14
Zona: El Raval, Ciutat Vella
Metro: Liceu, Catalunya, y también en Ferrocarrils de Catalunya
Autobuses: 14, 18, 38, 59
Horario: 9.00-14.00 y 16.00-19.00

Cierra: 15 días en agosto
Tarjetas de crédito: ninguna
Especialidades: llaveros y decoración del automóvil
Precios: llavero escudo del Real Club Deportivo Espanyol, 300 Pta.; placa embutida del Fútbol Club Barcelona, 2.000 Pta.; llavero de horóscopo con piedra, 3.000 Pta.

Los llaveros materializan los sueños dorados. Ésta es la impresión de José Luis, uno de los dependientes de El Món del Clauer –el mundo del llavero, en castellano–, acostumbrado a vender, "sobre todo, unidades en piel con baño de oro, adornadas con el símbolo de coches de lujo; marcas prestigiosas que casi no se ven en la calle".

Esta casa minorista abierta en el barrio de El Raval desde 1987 es, además de un negocio al por menor, una verdadera fuente de información para sociólogos y antropólogos. Una mañana observando a la clientela, y sobre todo a los centenares de modelos disponibles, permite hacer buenas conclusiones sobre el estado actual de la sociedad española. Un dato incuestionable: el fútbol tiene enorme trascendencia entre los varones, a juzgar por el surtido y lo solicitados que son los llaveros con escudos de equipos. Por supuesto, como es lógico tratándose de esta ciudad, con el Fútbol Club Barcelona a la cabeza.

El horóscopo, ya sea en metal, o con la piedra correspondiente a cada signo también tiene bastante demanda. Cuestión diferente será determinar dónde están los límites del buen gusto, ya que en este coleccionismo popular abundan las pesadillas estéticas en miniatura. El sonrojo, sin embargo, se reserva para aquellos con muy explícita temática sexual: "Éste es para gastar una broma", se justifica un cliente. No faltan los que muestran su faceta religiosa o política, donde, según el citado José Luis, los extremos tienen mejor salida: "La bandera independentista catalana y Franco son los más vendidos", dice. Otra cuestión es que vayan o no a utilizarse, que agrupen llaves o que sólo sirvan para formar parte de una colección casera.

A DESTACAR

- Llaveros
- Placas embutidas tipo matrícula

GALERÍA DE ARQUITECTURA EN MINIATURA

Boters, 8
Plano: pp.10-11 54
Tel.: 412 27 07
Zona: Barri Gòtic
Metro: Liceu, Jaume I
Autobuses: 14, 17, 18, 38, 40, 45, 59
Horario: 10.00-14.00 y 16.00-20.00
Cierra: ningún día
Tarjetas de crédito: todas, excepto 4B y DC
Especialidades: edificios en miniatura
Precios: farola de plomo, 690 Pta.; casa de la Provenza en resina, 1.665 Pta.; casa Batlló de Gaudí en yeso, 8.750 Pta.; Ayuntamiento de Barcelona, 125.000 Pta.

Si visita Barcelona, puede llevarse en el bolsillo la casa Batlló de Gaudí o apoderarse en propiedad de las sedes de la mismísima Generalitat de Catalunya o del Ayuntamiento de Barcelona. Antes, eso sí, tendrá que pasearse entre los estantes de la Galería de Arquitectura en Miniatura. En esta tienda encontrará distintas piezas de las colecciones de edificios en miniatura caracteríticos de una zona o ciudad, creadas por los hermanos Jean-Pierre y Dominique Gault.

Las figuras están realizadas en cerámica, yeso o resina. En la tienda de la calle Boters disponen de las colecciones completas de Barcelona y Provenza; también piezas sueltas de las series del Londres antiguo, París, la Toscana y Venecia. Los edificios de cerámica son los más valiosos y caros. Moldeadas y pintadas a mano, cada pieza es única, está firmada por el artesano que la creó y dispone de su correspondiente certificado. De las mismas figurillas existen versiones de yeso fabricadas con moldes, pero pintadas a mano. Aparte del procedimiento, la diferencia también está en el precio. Una casa Batlló de cerámica, la pieza más solicitada por los turistas, cuesta 56.000 Pta. La versión en yeso tiene un precio más ajustado a los bolsillos medios: 8.750 Pta.

Una de las particularidades de estos edificios para liliputienses es que están diseñados para crear con ellos calles enteras, colocándolos uno al lado del otro. Pueden complementarse con su correspondiente mobiliario urbano y humano: figurillas en plomo de farolas, bancos, quioscos, curas, prostitutas, gendármenes, etcétera.

A DESTACAR

- Colección de edificios en miniatura de Barcelona
- Figurillas en plomo del mobiliario urbano

LA CENTRAL DE LA ESTILOGRÁFICA

Portaferrissa, 17
Plano: pp.10-11 43
Tel.: 318 83 33
Zona: Barri Gòtic, Ciutat Vella
Metro: Liceu, Catalunya, y también en Ferrocarrils de Catalunya
Autobuses: 14, 18, 24, 38, 41, 55, 59, 91, 141
Horario: 9.30-14.00 y 16.30-20.30
Cierra: ningún día
Tarjetas de crédito: todas, excepto 4B
Especialidades: estilográficas
Precios: rotulador Pilot, 280 Pta.; pluma Waterman Maestro, 7.300 Pta.; pluma Mont Blanc 146, 43.152 Pta.

Es un negocio frecuentado por coleccionistas, que conocen casi al dedillo los centenares de modelos de plumas estilográficas de calidad existentes. Casi todos, por supuesto, están disponibles en esta casa, y se exponen en bandejas tras los cristales del escaparate, el mostrador y las vitrinas interiores. "Hay tantos modelos –afirma una vendedora de la casa- como días tiene el año; o quizá más, ya que muchas series se van renovando constantemente".

La Central de la Estilográfica sigue siendo fiel a su nombre. Menos suerte han tenido otras tiendas de Barcelona de similares características, obligadas con el paso de los años a abrirse hacia otro tipo de productos, como artículos para el fumador o máquinas calculadoras. Esta exclusividad es, por tanto, un encanto añadido a una casa abierta desde los años cuarenta, ubicada en una de las calles peatonales con más trasiego del Barrio Gótico. Parece, además, que se ha decorado pensando en quienes realizan trabajos caligráficos; amén de aquellos que no dudan en gastarse la paga extra en un modelo que reproduzca una estilográfica de los años veinte.

En La Central de la Estilográfica no sólo se venden plumas en todos los materiales imaginables, tales como oro, plata, acero, titanio, madera, pasta y lacados, cuyos precios van desde desde unos pocos miles hasta verdaderas fortunas. También dedican una esquina a un pequeño museo, una vitrina expositora con modelos de la conocida marca Mont Blanc datados entre finales del siglo XIX y la década de los cincuenta. Pequeñas y brillantes maravillas capaces de tentar a cualquiera.

A DESTACAR

- Plumas estilográficas
- Bolígrafos

LES MIL I UNA NINES

Ramón y Cajal, 158
Plano: pp.8-9 ❹
Tel.: 219 23 63
Zona: Gràcia
Metro: Joanic
Autobuses: 21, 22, 24, 28, 39, 55, 87
Horario: 10.00-13.30 y 17.00-20.30
Cierra: ningún día
Tarjetas de crédito: todas
Especialidades: muñecas
Precios: pieza original de Silvia Natterer (25 cm), 10.000 Pta.; pieza original de Philip Heath (1 m), serie limitada de 500 muñecas, 250.000 Pta.; casa de muñecas, desde 30.000 Pta.

Les Mil i Una Nines –las mil y una muñecas– es, según su propietaria, Anna Martí, "una adaptación libre de los cuentos de todo el mundo, representada por muñecas de los mejores autores de hoy".

Firmas como la alemana Götz, que Martí representa en España y Portugal, reúnen a los mejores creadores de esta disciplina. Esta firma germana recoge los originales, normalmente realizados en porcelana, para fabricar con ellos moldes que permitan hacer una serie limitada de modelos en vinilo. El resultado son unas muñecas caracterizadas por sus ojos de cristal, sus pelucas de *mohair* o *kanekalon* y la firma del artista; pero, sobre todo, por unos rasgos únicos que les dan personalidad y definen a cada autor.

Para Anna Martí sus muñecas son producto de una forma de arte que va más allá de los tópicos: "No es una cosa exclusiva de niñas, ni siquiera del sexo femenino". A pesar de todo, es cierto que la mayoría de los autores son mujeres. En Les Mil i Una Nines hay creaciones de Anna Mitrani, que ha hecho piezas para Walt Disney. También destacan muñecas de Silvia Nattarer, distinguibles por su estilo *naïf*.

El mejor ejemplo para demostrar que cada muñeca puede considerarse una obra de arte, está, según la entusiasta dueña de Las Mil i Una Nines, en la producción del británico Philip Heath. Martí muestra orgullosa una colección de muñecas de este autor, empeñado en realzar los rasgos diferenciales de distintos pueblos. Es especialmente atractiva una niña indonesia, ante la cual el visitante se descubre deletreando el mismo adjetivo que le da nombre: preciosa.

A DESTACAR

- Muñecas de autor
- Complementos para muñecas
- Mobiliario y casas para muñecas

MINERALS ROCA

Jaume I, 10
Plano: pp.10-11 (89)
Tel.: 302 29 89
Zona: Barri Gòtic, Ciutat Vella
Metro: Jaume I
Autobuses: 17, 19, 40, 45
Horario: 9.30-14.00 y 16.30-20.00
Cierra: ningún día

Tarjetas de crédito: todas, excepto AE
Especialidades: minerales y fósiles
Precios: rosa del desierto de Argelia, 250 Pta.; piedra de fluorita decorativa, 2.000 Pta.; fósil de huevo de avestruz gigante *–aepyornis–*, 50.000 Pta.

Para Pol, el encargado de Minerals Roca, las piedras son cualquier cosa menos objetos inertes. Aquello de "frío como una roca" no va con quien, ironías del destino, se apellida de igual forma. Tampoco con su negocio de la calle Jaume I, que más que una tienda, parece todo un museo interactivo, con vitrinas, moquetas y, por supuesto, piezas únicas, tanto fósiles como minerales.

"Tenemos que vivir de la venta –afirma Roca– pero, desde luego, disfrutamos con las piezas. Tanto que nos da pena el desprendernos de las mejores". Este fue el caso, hace ya algunos años, de una profilita verde que hubiesen preferido mantener expuesta. "Eso sí –aclara Pol Roca–, nada mejor que vender una pieza sabiendo que cae en buenas manos".

Esto es lo más usual en Minerals Roca, porque este negocio lo visitan preferentemente amantes y profesionales del ramo: geólogos, biólogos o joyeros. Personas conocedoras y acostumbradas a regatear en busca de un precio satisfactorio o de un cambio ventajoso para ambas partes. La espera es también una clave de este mundillo, sobre todo en lo relativo a los fósiles. Todo depende de la suerte en el hallazgo, como bien saben los coleccionistas de conchas y caracolas.

Más fácil lo tienen los amantes de los minerales, ya que cuentan con los envíos regulares de piedras procedentes de puntos tan lejanos como Brasil, Bolivia o la India. Los trabajos con carácter decorativo, así como colecciones de minerales para escolares, complementan la oferta de la casa.

A DESTACAR

- Minerales
- Fósiles
- Trabajos de bisutería

POLICLÍNICA DE BEBÉS

Galerías Maldá, Carrer del Pi, comercio 5
Plano: pp.10-11 52
Tel.: 318 40 33
Zona: Barri Gòtic, Ciutat Vella
Metro: Liceu, Jaume I
Autobuses: 14, 17, 18, 38, 40, 45, 59
Horario: 10.30-13.30 y 17.00-20.00
Cierra: ningún día
Tarjetas de crédito: V
Especialidades: reparación y venta de muñecas
Precios: traje de algodón para muñeca, 1.500 Pta.; muñeca Nenuca, 2.200 Pta.

La Policlínica de Bebés parece, a primera vista, una mercería. O mejor aún: una tienda normal y corriente, especializada en ropa de niños. Esta impresión se desvanece cuando se repara en la acumulación de muñecas antiguas con cuerpo de madera o pasta de cartón y cabeza de porcelana, ya sean desnudas, semi o completamente vestidas. Piezas que confieren un aspecto *retro* a este negocio estéticamente anclado en 1946. Ese fue el año en que la madre de la actual regenta comenzó a vender trajecitos y muñecas peponas a las niñas barcelonesas. Medio siglo más tarde muchas de ellas siguen siendo clientas fijas, aunque ahora acuden con sus hijas y nietas de la mano. No obstante, todas tienen en común el gusto por conservar y complementar juguetes con categoría de piezas de museo.

En esta tienda no se vende material antiguo. A lo más tasan y aconsejan a sus clientes cuando traen muñecas fabricadas entre finales del siglo pasado y los años cincuenta. En más de una ocasión han recomendado a alguna propietaria que se pensara un par de veces el regalar una muñeca a la que no concedía importancia, ya que su tasación superaba los varios cientos de miles. Lo que sí asumen es la reparación –con pago por adelantado– con material de calidad, así como las vestimentas especiales para estos juguetes. También se vende material nuevo, aunque, como se queja la propietaria, doña Magdalena, “salvo un par de marcas, ya no se hacen como antes, con amor; ahora suelen ser de plástico malo, y no tienen recambios, por lo que no pueden arreglarse”. Por eso del material moderno casi prefieren limitarse a la vestimenta.

A DESTACAR

- Trajes de muñeca
- Muñecas modernas en plástico
- Reparación muñecas antiguas

APOSTOLADO LITÚRGICO

Via Laietana, 46 A
Plano: pp.10-11 76
Tel.: 268 04 49
Zona: El Born, Ciutat Vella
Metro: Urquianaona, Jaume I, Catalunya, y también en Ferrocarrils de Catalunya
Autobuses: 14, 18, 24, 38, 41, 55, 58, 59, 141

Horario: 9.30-13.30 y 16.30-19.30
Cierra: ningún día
Tarjetas de crédito: todas, excepto 4B
Especialidades: artículos religiosos
Precios: rosario, desde 100 Pta.; casulla, desde 13.000 Pta.; cáliz desde 16.000 Pta.

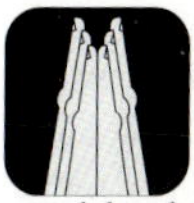

Según la hermana Laura –tomen aire–: “En los centros de Apostolado Litúrgico, las Pías Discípulas del Divino Maestro están al servicio del pueblo de Dios con el deseo de transmitir el mensaje de salvación a través de un lenguaje de símbolos comprensible y actual”. Sin olvidar, por supuesto, y tal como recuerda la misma hermana, “que a pesar de vender santos e imágenes divinas, ningún milagro nos salva de los gastos terrenales, como tampoco de los impuestos a pagar por ejercer de comerciantes”.

Para cubrir las inevitables necesidades mundanas de la congregación y, sobre todo, para difundir la palabra de Dios y ofrecer a los creyentes objetos para un culto digno y elevado, estas monjas Pías practican algunos principios básicos de marketing: “Se trata de hacer cosas bellas que hablen a la gente; en definitiva, que les hagan creer y comprar”, señalan.

Esta congregación trabaja en 24 naciones diseñando todo tipo de artículos litúrgicos, de los cuales tienen manufactura propia los destinados a la ornamentación. Entre estas mujeres las hay que son arquitectas y se dedican a montar capillas enteras.

La monja a cargo del Apostolado Litúrgico de Barcelona asegura que sus principales clientes son parroquias y órdenes religiosas. También hay otros compradores, sin duda creyentes, que tal vez no vengan buscando las casullas, sagrarios, altares, cálices o manteles para misa; pero sí los rosarios, su santo devoto o un nacimiento de arcilla. En todo caso, son compras celestiales que resuelven necesidades terrenales.

A DESTACAR

- Mobiliario y artículos para actos litúrgicos
- Ornamentación religiosa
- Orfebrería religiosa

ARTESANÍA MOLL

Pasaje Elisabets, 6
Plano: pp.10-11 57
Tel.: 412 07 67
Zona: El Raval, Ciutat Vella
Metro: Catalunya, y también en Ferrocarrils de Catalunya
Autobuses: 14,18, 24, 38, 41, 55, 59, 91, 141
Horario: 8.00-13.00 y 15.00-20.00
Cierra: segunda quincena agosto
Tarjetas de crédito: ninguna
Especialidades: rosarios y cruces, artesanía religiosa en general
Precios: cruz de mesita, desde 1.000 Pta.; vía crucis, 2.500 Pta.; rosario de nácar y plata, 10.700 Pta.

Según Isidre Moll, propietario de este establecimiento, las cruces de Caravaca no interceden para que a uno le toque la lotería, pero está convencido de que la fe en estos objetos ayuda en el trabajo, la salud y alguna que otra necesidad. Aunque la especialidad de Artesanía Moll es la fabricación y venta de cruces y rosarios, esta casa también dispone de un muestrario de objetos destinados a la idolatría y superstición religiosa: placas para coches, para las cunas infantiles y para puertas, llaveros con santos y el Papa, cordones y otros accesorios para los trajes de comunión.

Las cruces se hacen de todas las medidas, ya sea para colgar del cuello o para llevar en el bolsillo. Incluso, Isidre Moll se ha preocupado de poner a la venta gruesas cruces de madera que van sujetadas con cordones y que están de moda entre los jóvenes. También hay crucifijos para aplicar en las paredes o para colocar en la mesita de noche, que suelen ser de latón o sámago con pie de mármol o alabastro.

El surtido de rosarios tampoco se queda corto. El propietario asegura que tiene 120 referencias de estas sartas de cuentas que pueden multiplicarse a capricho del cliente. Existen rosarios de alpaca, plata, nácar, azabache, cristal de roca, plástico, diferentes clases de madera y pétalos de rosa.

Casi en un susurro, el señor Moll confiesa que en su amplia tienda-taller esconde herraduras de la suerte; pero dice que no se las puede enseñar a todo el mundo. ¿El motivo para tal secreto? Los más ortodoxos consumidores de rosarios y crucifijos ven casi como una herejía la posesión de talismanes.

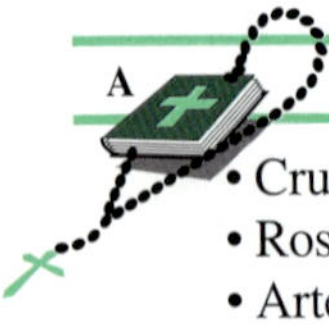

A DESTACAR

- Cruces corpóreas y de sobremesa
- Rosarios de cuerda y madera de olivo
- Artesanía religiosa

CERERIA CODINA

Bisbe Irurita, 2bis
Plano: pp.10-11 82
Tel.: 315 08 08
Zona: Barri Gòtic, Ciutat Vella
Metro: Jaume I, Liceu
Autobuses: 14,17, 18, 38, 40, 45, 59
Horario: lunes-viernes 9.00-13.30 y 16.30-19.45; sábado tarde cerrado
Cierra: agosto
Tarjetas de crédito: ninguna
Especialidades: trabajos de cera e imágenes religiosas
Precios: vela de cera virgen, 85 Pta.; velón de altar, 400 Pta.; mano de cera, 825 Pta.

La Cereria Codina, abierta al público desde 1825, proporciona velones de altar, cirios de bautizo artesanales, blandones pascuales y lamparillas. También figuras de cera, que representan órganos vitales o imágenes humanas para cumplir promesas de agradecimiento por curaciones hechas a vírgenes y santos. Son piezas antropomórficas rescatadas por algún que otro artista conceptual, que hace acopio de ellas para integrarlas en sus obras de arte.

No importa el fin, con tal de que la cera no se queme en vano. Y que, por supuesto, en los cajones de la máquina registradora se escuche el tintinear de más monedas. Hasta lo divino tiene un precio, como las hostias y el vino de misa para las parroquias, y las imágenes de santos para los devotos particulares. Estas figuras, hechas de pasta y madera, observan con sus ojos de cristal la demanda regida por las exigencias de la sociedad moderna. Y es que casi podría establecerse un listado de popularidad, encabezado por san Pancracio, la virgen del Carmen, san José, san Antonio y, por supuesto, la patrona de Barcelona, la virgen de la Mercè.

La anciana propietaria, Anna Vives, deja que una joven dependienta explique las ofrendas hechas a otras devociones y plegarias. La Cereria Codina también moldea su cera en otras figuras decorativas, tales como pianos, teléfonos, fantasmas y calaveras. Pero quizás sean más interesantes las velas cónicas que, esmaltadas en distintos colores, pueden llamar al amor o a la salud, agrupadas de siete en siete, número mágico capaz de matar unos cuantos pájaros de un tiro.

A DESTACAR

- Velas, cirios y blandones
- Figuras de cera para promesas
- Imágenes religiosas

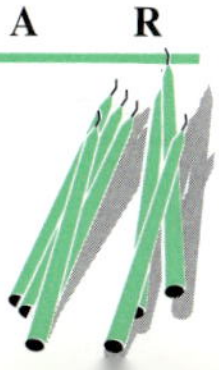

ROSÉS

Portal de l'Angel, 15-17
Plano: pp.10-11 (67)
Tel.: 302 03 34
Zona: Barri Gòtic, Ciutat Vella
Metro: Catalunya, y también en Ferrocarrils de Catalunya
Autobuses: 14, 18, 24, 38, 41, 55, 59, 91,141
Horario: 9.45-13.30 y 16.30-20.00
Cierra: agosto
Tarjetas de crédito: todas
Especialidades: artículos religiosos
Precios: San Pancracio (de pasta), desde 1.800 Pta.; cáliz de plata, 74.000 Pta.; rosario de marfil y plata, 20.000 Pta.

El origen de este negocio se remonta a principios del siglo XVIII, cuando la familia Xirinachs, que más tarde se asociaría con la Rosés, hacía hilos de oro y galones para casullas. Curiosamente, fue durante los años de la Segunda República, muy duros para la Iglesia, cuando los Rosés se especializaron en la venta de artículos religiosos. Todavía hoy continúan ofreciendo a su público imágenes, orfebrería, ornamentos, retablos, rosarios, figuras para belenes y vía crucis.

Actualmente, las compras y los encargos de cada cliente se deben a distintos hábitos, aunque seguramente a las mismas creencias. Por ejemplo, los hay que son fervientes coleccionistas de figuras de belenes que no se conforman solamente con los típicos nacimientos, de los cuales Rosés tiene 104 modelos en diferentes medidas, sino que además buscan reyes y pastorcillos en todas sus posibilidades. Estos artículos de Navidad, según el encargado, se solicitan a lo largo de todo el año.

Rosés también cuenta con toda la imaginería del santoral, capaz de satisfacer al devoto más exigente. El más solicitado es san Pancracio, seguramente por su sagrada protección del trabajo y la salud. También cabe destacar a la Moreneta, reproducción en madera o barro de la talla románica de la virgen de Montserrat, que despierta el interés de turistas y colonias catalanas en el extranjero, a las cuales se les ha enviado más de una pieza. Entre la clientela más lejana se encuentra la madre Teresa de Calcuta, que ha comprado imágenes para montar un oratorio en esa esquina del mundo.

A DESTACAR

- Toda la imaginería del santoral
- Nacimientos
- Ornamentos religiosos
- Orfebrería religiosa

BIKE HOUSE

Passeig de Sant Gervasi, 12-14
Plano: pp.8-9 ❶
Tel.: 417 47 87
Zona: Sarrià, Sant Gervasi
Metro: Tibidabo, en Ferrocarrils de Catalunya
Autobuses: 22, 58, 64, 75
Horario: 9.30-14.00 y 17.00-20.30
Cierra: lunes mañana y segunda quincena de agosto
Tarjetas de crédito: todas, excepto AE y 4B
Especialidad: bicicletas de montaña
Precios: casco Met Jetstream, 5.190 Pta.; bicicleta de montaña Diamonback Wildwood, 49.000 Pta.; bicicleta de montaña Klein Adroit, 1.000.000 de Pta.

Una auténtica barbaridad. Así se le antojarían los precios de Bike House a la mayoría de los transeúntes que pasan frente a su escaparate. No les faltaría razón: tras el cristal se exhibe un cuadro de bicicletas de montaña que cuesta la friolera de un millón de pesetas. Pero es que este negocio no está pensado para los transeúntes normales y corrientes. Ni siquiera para quienes gustan disfrutar de un paseo de fin de semana en chándal y sobre dos ruedas.

¡Qué va! Bike House es, ante todo, una casa de amantes de la bicicleta de montaña. Esos que se pierden por el campo vestidos de mil colorines, a lomos de una cabalgadura realizada con metales propios de la industria aeronáutica. Bien es verdad que Bike House dispone de bicicletas a un precio relativamente razonable, en torno a las 50.000 Pta. Pero no es menos cierto que los clientes habituales acuden en busca del material más sofisticado y exclusivo de esta modalidad ciclista.

Tal especialización se evidencia no sólo en la devoción de los empleados por este deporte, muy versados respecto a marcas y materiales de construcción. El establecimiento también se distingue por los servicios de posventa para la clientela reincidente de todas las edades –preferentemente masculina, a pesar de contar con material diseñado expresamente para las mujeres–, como los recambios, reparaciones, ajustes de las monturas y precios especiales en novedades. Todo relativo a bicicletas de montaña, ya que en esta casa no se vende ni una sola de carreras o de paseo.

A DESTACAR

- Bicicletas de montaña
- Recambios para bicicletas
- Ropa de ciclista

JONÁS

Marina, 19-21
Marina Village, local 15
Plano: pp.8-9 ㉖
Tel.: 225 15 68
Zona: Port Olímpic, Poble Nou
Metro: Barceloneta
Autobuses: 36, 41, 59, 71
Horario: 10.30-21.00
Cierra: ningún día
Tarjetas de crédito: todas; también cheques de viaje y moneda extranjera
Especialidades: tablas e indumentaria de surf, *bodyboard* y *snowboard*
Precios: gorra No Fear, 4.200 Pta.; tabla media de surf olas, 50.000 Pta.; tabla de *snowboard* austríaca hecha a mano y de serie numerada, 130.000 Pta.

Este negocio se ubica casi dentro de la escultura del puerto Olímpico que representa a una ballena dorada. De ahí su ingenioso y apropiado nombre. Jonás ofrece un amplísimo surtido en tablas para deslizarse, tanto en agua como en nieve. Pero lo más destacable de esta tienda es la oferta de ropa deportiva ceñida a la moda *surfera*. No sólo se venden trajes de neopreno, bañadores, camisetas, sandalias brasileñas o gorras, sino también relojes, calcetines, guantes, carteras, zapatos, etcétera.

Según el propietario, existen dos clases de *surfero*: el auténtico, que sólo vive para el surf, lleva un estilo de vida un tanto bohemio e itinerante y no suele tener un duro, y que participa en competiciones patrocinado por las marcas que, luego, consumirán *los otros*, aficionados o no. Así es como nace la moda del *sportswear* para este deporte. Existe una línea muy radical, fiel a sus orígenes, pero también otra que se adapta a la gente de la calle.

En esta tienda tal parece que no existan las estaciones. El dueño siempre procura tener material para agua y para nieve: "Queremos ser polivalentes", afirma. "No es sólo que el público sea el mismo para ambas disciplinas –los que van al agua en verano, van a la nieve en invierno–, sino que, además, tenemos en cuenta a los turistas y la climatología intercontinental". El turista puede querer un *souvenir*, sin importarle demasiado si se corresponde con el tiempo que hace en Barcelona. Y es que, de vuelta a su hogar, ya sea California o Australia, probablemente nada le impida practicar surf a 30ºC, mientras que, en nuestra esquina del mundo, los españoles cargan con su tabla de *snowboard* en un paraje blanco con temperaturas bajo cero.

A DESTACAR

- Tablas de surf, *bodyboard* y *snowboard*
- *Sportswear* para practicar el surf

LA GENERAL SURFERA

Guillem Tell, 40
Plano: pp.8-9 ❻
Tel.: 209 05 39
Zona: Sarrià, Sant Gervasi
Metro: Lesseps y Molina en parada de Ferrocarrils de Catalunya
Autobuses: 16, 17, 22, 24, 25, 28, 31, 32, 87
Horario: 10.00-14.00 y 16.30-20.30
Cierra: ningún día
Tarjetas de crédito: todas, excepto 4B
Especialidades: todo para deportes de deslizamiento
Precios: tabla surf olas, desde 30.000 Pta.; *kneeboard*, desde 40.000 Pta.; *snowboard* Morrow, 49.900 Pta.

Para deslizarse sin patinar es aconsejable hacer una visita a expertos como los dos jóvenes que llevan este negocio. Tanto Sergio Mur como José Mola practican el esquí y el deslizamiento en nieve con tabla –*snowboard*– durante la temporada invernal. En verano acuden a las playas con sus tablas de surf para deslizarse sobre las olas, o practicar el *bodyboard* –surf con el cuerpo pegado a la tabla– y otras variedades más estrambóticas, como el *wakeboard* y el *scurfboard*, que requieren una embarcación de arrastrre.

La General Surfera es el puro reflejo de las actividades de Mur y Mola. Según la temporada, abundan más los esquíes y tablas para nieve, o las tablas acuáticas. Normalmente, dicen los dos socios, “los *surferos* de verano van a la nieve en invierno”.

Además, esta tienda también ofrece un amplio surtido en *sportswear*, exclusivamente dedicado a los citados deportes de deslizamiento: trajes de esquí y *snowboard*, gafas, guantes, bañadores, trajes de neopreno, etcétera, así como también unas exclusivas botas de surf de procedencia norteamericana. Es importante destacar que también hay variedad de ropa de *snow* para mujeres.

Ambos dependientes reconocen que cerca de Barcelona no se cuenta con las olas de California o de las costas australianas; pero siempre quedan los Pirineos y las playas de Sitges y Castelldefels o incluso las de la Barceloneta, que permiten llevar a la práctica un sencillo *bodyboard*.

A DESTACAR

- Tablas de surf
- *snowboard, bodyboard, wakeboard, kneeboard* y *scurfboard*
- Esquíes
- Indumentaria para deportes de deslizamiento

VÉRTIGO COMETAS

Avenir, 66
Plano: pp.8-9 ❾
Tel.: 414 59 18
Zona: Sarrià, Sant Gervasi
Metro: Gràcia, estación de Ferrocarrils de Catalunya
Autobuses: 14, 27, 58, 64
Horario: 10.30-14.30 y 16.30-20.30
Cierra: ningún día
Tarjetas de crédito: todas
Especialidades: cometas
Precios: bolsa para cometa, 500 Pta.; cometa Ace romboidal de acrobacia, 3.000 Pta.; cometa de 4 hilos Revolution, 27.500 Pta.

Antes de entrar en Vértigo conviene ponerse unas gafas de sol: los colorines de las cometas expuestas son tan intensos que deslumbran a la clientela. Esta recomendación, exagerada, claro, vale, sin embargo, a la hora de volar uno de estos artilugios. Y es que los mejores sitios para la práctica son las playas y las superficies nevadas. Esta es una afición que en Barcelona se encuentra en plena alza, debido al éxito de la recuperada fachada marítima, con sus playas de Barceloneta, Nova Icaria o Bogatell, espacios públicos que cada atardecer de verano y fines de semana se convierten en auténticos campos de vuelo.

No extraña, pues, el éxito de esta pequeña tienda en el barrio de Sarrià. Abierta desde 1993, es, además, la casa *nodriza*, ya que que Vértigo tiene otra filial en las galerías comerciales del Bulevard Rosa, en el mismísmo Passeig de Gràcia, la *milla de oro* de la ciudad.

El vuelo de cometas es una afición barata apta para todas las edades. A Vértigo acuden tanto los chavales que prefieren las cometas con forma de ala delta –auténticas flechas en vuelo–, como los adultos que siguen la tradición de la cometa china, y que se apuntan a las *voladas* que este establecimiento organiza en la playa de Castelldefels, a poco más de veinte kilómetros de Barcelona.

Las acrobacias son ejercicios de destreza y, también, un desafío a las leyes de la gravedad, dos premisas igualmente aplicables a los objetos complementarios. En Vértigo se venden bumeranes y, sobre todo, juegos malabares, tales como diábolos, mazas o bolas rellenas de arena. Unos entretenimientos que en esta tienda se pretende desvincular de su connotación bohemia, asociada a los artistas callejeros.

A DESTACAR

- Cometas
- Juegos malabares
- Bumeranes

CASA PERIS

Junta de Comerç, 20
Plano: pp.10-11 34
Tel.: 301 27 48
Zona: El Raval, Ciutat Vella
Metro: Liceu, Catalunya, y también en Ferrocarrils de Catalunya
Autobuses: 14, 18, 38, 59
Horario: 9.00-14.00 y 15.30-18.30
Cierra: ningún día

Tarjetas de crédito: V
Especialidades: vestuario para espectáculos y fiestas; trajes de época
Precios: alquiler de frac, 8.000 Pta. por función; alquiler vestido Isabel I de Inglaterra para la ópera *María Estuardo*, 25.000 Pta. por función; traje barroco para caballero, estilo Luis XV, entre 250.000 y 300.000 Pta.

El encargado está al teléfono. Intenta convencer a su interlocutor de que sólo la NASA le podría proporcionar un traje auténtico de astronauta. No obstante, añade: "Si lo que usted quiere es un traje futurista, lo podemos inventar". El interlocutor telefónico no debe parecer muy convencido, ya que el encargado se ve obligado a argumentar: "¿Quién puede criticar el resultado? Dígame, ¿acaso alguien sabe cómo irá vestida la gente dentro de unos milenios?".

Casa Peris, o Hermanos Peris, como se conoce en Madrid y como sale en los créditos de las películas, alquila y crea todo tipo de trajes para el espectáculo; pero su fuerte son los vestidos de época. También disponen de indumentaria para fiestas u ocasiones especiales.

El negocio nació en 1840 a manos de un molinero de la Albufera que tocaba el violín y tenía una esposa modista. A principios de este siglo el abuelo de José Ramón Peris, se instaló en Madrid y abrió sucursal, comenzando a trabajar para el Teatro Real. Desde entonces, el ropero de la Casa Peris ha ido creciendo hasta llegar a casi un millón de trajes, distribuidos entre Madrid y Barcelona.

Entrar en sus inmensos locales es una experiencia onírica. Se pueden ver vestidos como el de Isabel I de Inglaterra, que diseñó el figurinista Ramón B. Ivars para la ópera *María Estuardo* o trajes como el de *Don Juan de los Infiernos*, obra de Yvonne Blake para el Teatro Nacional; así como también los utilizados en *Belle Epoque* o *Los gozos y las sombras*.

A DESTACAR

- Trajes de época
- Trajes de espectáculo
- Trajes de fiesta

CASA VALLDEPERAS 'CASIMIRO'

Joaquim Costa, 57
Plano: pp.10-11 ㉙
Tel.: 318 21 46/301 22 30
Zona: El Raval, Ciutat Vella
Metro: Universitat, Catalunya, y también en Ferrocarrils de Catalunya
Autobuses: 9, 14, 24, 41, 55, 56, 58, 59, 91, 141, L90
Horario: 9.30-13.30 y 16.00-19.30
Cierra: agosto
Tarjetas de crédito: todas
Especialidades: zapatos para la danza y la revista musical
Precios: zapatilla media punta de lona, entre 1.500 y 2.000 Pta.; malla aerobic, desde 3.000 Pta.; botas de revista de pierna entera, desde 45.000 Pta.

Casimiro es la marca con que la familia Valldeperas vende sus zapatos de fabricación propia. Este calzado está pensado para el mundo del espectáculo: ballet, ópera, revista, circo, teatro, televisión, etcétera. El abuelo de Cristina Valldeperas, encargada de la tienda, empezó especializándose en las zapatillas de ballet clásico. Aunque el calzado de escena sigue siendo el fuerte de la marca, Casimiro ha ampliado el punto de mira ofreciendo vestuario para danza y aerobic.

Casa Valldeperas también destaca en la creación de zapatos para revista. Aquí se pueden encontrar o encargar desde unas botas de pierna entera, que van con conjunto de tanga y sostén, hasta unos atrevidos zapatos de plataforma plateados. Este tipo de género, también usado en teatro, se vende localmente en sitios como El Arnau y El Molino y lo calzan artistas como Norma Duval, Regina do Santos o Angels Gonyalons.

Pero el mercado es aún más amplio: Casimiro exporta sus producciones a toda Europa, Estados Unidos y Japón. Vende directamente a tiendas, a grupos de cabaret, a revistas de animación en barcos o a grupos de travestidos. Según Cristina Valldeperas, los modelos más radicales que ellos fabrican "que no tienen nada que envidiar a los zapatos que lucían Terence Stamp o Hugo Weaving en la película *Las Aventuras de Priscilla, Reina del Desierto"* se venden entre los travestidos europeos que se dedican al espectáculo. Éstos, dice la encargada, "son más atrevidos que los españoles; los de aquí parecen más modositos".

A DESTACAR

- Zapatillas de ballet
- Zapatos de revista
- Vestidos para danza y aerobic

FLORA ALBAICÍN

Canuda, 3
Plano: pp.10-11 66
Tel.: 302 10 35
Zona: Barri Gòtic, Ciutat Vella
Metro: Catalunya, y también en Ferrocarrils de Catalunya
Autobuses: 14, 16, 17,18, 38, 41, 55, 59, 141
Horario: 10.30-13.00 y 17.00-20.00
Cierra: ningún día
Tarjetas de crédito: todas
Especialidades: trajes de sevillana, vestidos y complementos para el baile español.
Precios: disfraz de sevillana para niña, 5.800 Pta.; traje de sevillana para mujer, desde 30.000 Pta.

Esta tienda es fuente de decepción para los turistas convencionales, ésos que no abandonan España sin el consabido abanico cubierto de toreros. Y es que, si bien aquí se venden abanicos, sólo se despachan pericones de baile que, al igual que todos los artículos que se encuentran en Flora Albaicín, están destinados a profesionales de las artes escénicas o a fieles de las ferias andaluzas.

Los trajes de sevillana son, sin duda, las estrellas de la casa. Se lucen en El Rocío, en la feria de Jerez, en la de Septiembre y, por supuesto, en la de Abril, de la cual tiene su famosa versión la localidad catalana de Santa Coloma de Gramanet. Para tan magnas ocasiones, Flora Albaicín ofrece la posibilidad de escoger entre diferentes vestidos, ya sean hechos a la medida, imitando cualquier modelo exhibido por Isabel Pantoja o por Carmina Ordóñez; o bien sacados de los catálogos que muestran las últimas tendencias en moda folclórica.

Al ritmo de la moda, aunque no tan frenéticamente, se mueven igualmente los caballeros. Esta profesional ofrece los trajes de campero que utilizan los toreros cuando no visten de luces, montas andaluzas con chaquetas de paseo y pantalones con caireles a juego. También trajes de competición con los cinco botones reglamentarios en cada manga, aunque en colores tan inusuales como el lila. Todo el género: mantones de manila, peinetas imitación nácar y carey, bisutería andaluza, botas rocieras con tacón cubano, zapatos de clavo, etcétera, procede, es obvio, de Andalucía.

A DESTACAR

- Trajes de sevillana
- Batas de cola
- Trajes de bailaor
- Zapatos de baile

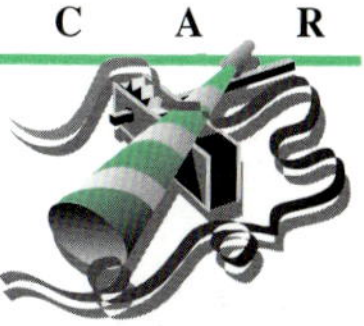

GÒTIC MAQUILLATGES

Comtessa de Sobradiel, 6
Plano: pp.12-13 (110)
Tel.: 310 00 64
Zona: Barri Gòtic, Ciutat Vella
Metro: Drassanes, Jaume I
Autobuses: 14, 17, 18, 38, 40, 45, 59.
Horario: lunes-viernes 10.00-20.00
Cierra: sábado y agosto
Tarjetas de crédito: todas, excepto 4B
Especialidades: maquillaje para profesionales del espectáculo
Precios: borla pequeña, 60 Pta.; *tuplast* para hacer cicatrices, 2.700 Pta.; corrector japonés, 3.500 Pta.

Ya antes de la guerra, el abuelo de Carles Prat vendía lentejuelas, carmines de labios y pestañas postizas a las *vedettes* del Paralelo. Con el paso de las generaciones, la venta de artículos para el espectáculo comprende cualquier producto destinado a maquillar a quienquiera que suba a un escenario, se ponga delante de una cámara u organice una fiesta de disfraces.

Gòtic Maquillatges vende artículos de caracterización, tales como carne y sangre artificiales; ojos y dientes postizos; yeso y espuma de látex para prótesis. Pero quizá lo más destacable son sus maquillajes de diferentes texturas en 350 colores distintos. Los hay desde fluorescentes a ultravioletas; sin olvidar clásicos como el rojo, que se extiende en ocho o diez tonalidades.

De pinceles, por ejemplo, existen aquí 22 referencias, todas marca de la casa. Además, hay fundas, borlas y lápices que responden al nombre de Gòtic. Pero también llevan el distintivo de la casa cursos de automaquillaje y talleres de caracterización para convertir a alguien en Freddy Krueger, aunque la sierra eléctrica de este personaje habrá que buscarla en otro sitio.

Por supuesto, tanto colorín atrae a destacadas figuras de las artes escénicas. Unos vienen en busca de capas de belleza, otros, en cambio, prefieren narices al estilo de Cyrano de Bergerac. "A veces –dice Carles Prat– no somos nosotros quienes resolvemos el problema del cliente, pero en ese caso lo enviamos al lugar más adecuado". Éste fue el caso de un burro blanco que tenía que ser maquillado de gris para actuar en televisión.

A DESTACAR

- Maquillaje profesional
- Artículos para caracterización
- Artículos de perfumería
- Cursos de maquillaje

HERMINIA

Nou de la Rambla, 13
Plano: pp.12-13 (101)
Tel.: 317 99 37
Zona: El Raval, Ciutat Vella
Metro: Liceu
Autobuses: 14, 18, 38, 59
Horario: 10.00-13.30 y 16.30-20.00

Cierra: agosto
Tarjetas de crédito: ninguna
Especialidades: corsetería y complementos para teatro
Precios: boa, 2.500 Pta.; corsé de raso, 8.500 Pta.; conjunto de tanga y sostén bordado a mano, 10.500 Pta.

El escaparate parece el anuncio de un espectáculo erótico. El interior tiene regusto a revista, con corsetería extremada y *sexy* que envuelve el pequeño espacio de la tienda. El mostrador se ha convertido en una vitrina de imágenes de *vedettes* y otras artistas. Las hay claramente distinguibles como la Sarísima o La Maña, pero hay también un montón de caras desconocidas. "Me hace ilusión ver como estas chicas empiezan y, más tarde, saltan a la fama", asegura Herminia Villena, propietaria de la tienda, mientras señala las fotografías.

La madre de Herminia montó el negocio en 1956. Según la dueña, ella fue pionera en este tema: "entonces no había tiendas dedicadas a este género, ya que las fábricas no lo confeccionaban". Hoy ella y la sobrina de la confeccionadora original continúan creando sus propios modelos. Su especialidad son los sostenes con base de raso, a los que les añaden bordados, lentejuelas y *strass.* También los venden sin ninguna aplicación, para que las modistas de las artes escénicas los amolden a las exigencias de cada espectáculo.

Entre los corsés con transparencias o de tonos encendidos, los conjuntos de cuero y los tangas con asombrosas decoraciones, destacan las boas de plumas. Estos clásicos envoltorios de revista pueden ser la guinda de cualquier artículo de fantasía de los que aquí se venden. Herminia Villena asegura que, aparte de profesionales del espectáculo, la clientela se compone también de gente que busca artículos eróticos para regalo. Y es que, ya sean regaladas o compradas directamente por el usuario/a, son siempre prendas para el disfrute.

A DESTACAR

- Corsés de raso
- Conjuntos de sostén y tanga
- Boas de plumas

ARPÍ

La Rambla, 38
Plano: pp.12-13 (112)
Tel.: 301 74 04
Zona: Barri Gòtic, Ciutat Vella
Metro: Drassanes, Liceu
Autobuses: 14,18, 38, 59
Horario: 9.30 a 13.30 y de 16.30 a 20.00
Cierra: ningún día
Tarjetas de crédito: todas
Especialidades: fotografía profesional y coleccionismo
Precios: objetivo 50 mm. Canon FD 1:1.8, 6.000 Pta.; cámara Nikon 801 s, 80.000 Pta.; cámara Leica M-3; 85.000 Pta.

Esta casa no sólo supone un salto cualitativo, sino también cuantitativo, respecto a los demás comercios de fotografía de la ciudad. Ocupa todo un edificio de cinco pisos en La Rambla, y hasta tiene una terraza con servicio de bar. La división por plantas permite un rápido acceso a lo que se está buscando, ya sean cámaras convencionales, informatizadas, material de laboratorio, etcétera.

Sin embargo, lo que hace peculiar a Arpí es su amplísima oferta de artículos de segunda mano en la 2ª planta. Allí se encuentran desde los durísimos y ya clásicos modelos de la serie F de Nikon, hasta las muy demandadas Rolleiflex de formato medio, sin olvidar las primera series de Leica. Todas están tasadas en función de su rareza y estado y cuentan, cara al comprador, con el correspondiente certificado de garantía. En Arpí también se trabaja por encargo y venta por correo, además de aceptar transacciones o compra en efectivo de material, siempre que interese y esté perfectamente documentado.

Pero los dientes largos deben reservarse para la quinta planta. Allí está abierto al público un pequeño museo dedicado exclusivamente a la fotografía. En las vitrinas se pueden distinguir, entre otras, cámaras espía o con cuerpo de madera, ambas series de fin de siglo. También una reproducción del prototipo que Oskar Barnack efectuó para la primera Leica, o cámaras Hasselblad conmemorativas del primer viaje a la Luna. Varios daguerrotipos y algunas publicaciones decimonónicas sobre fotografía complementan una muestra que sin lugar a dudas todos los aficionados quisieran llevarse a casa.

A DESTACAR

- Cámaras Nikon serie F, de ocasión
- Cámaras de ocasión, formato medio (Rolleiflex, Hasselblad)
- Cámaras de fotografía digitalizada

FOTOGRAFÍA CASANOVA

Pelai, 18
Plano: pp.10-11 (36)
Tel.: 302 73 63
Zona: El Raval, Ciutat Vella
Metro: Universitat, Catalunya, y también en Ferrocarrils de Catalunya
Autobuses: 14, 18, 24, 38, 41, 55, 59, 91, 141
Horario: 10.00-14.00 y 16.30-20.30
Cierra: ningún día
Tarjetas de crédito: todas
Especialidades: fotografía, con planta de cámaras de ocasión y coleccionismo
Precios: cámara rusa Fed imitación Leica, 16.000 Pta.; cámara Nikon F-2, 75.000 Pta.; cámara Leica M-5, 145.000 Pta.

Aunque Casanova tiene a la venta mucho material de primera mano, el verdadero movimiento *profesional* de la casa parece girar en torno al fondo de objetos fotográficos de ocasión, de unos 1.500 artículos aproximadamente, entre cámaras de todos los formatos, objetivos y complementos.

Los compradores, generalmente expertos, se dividen en dos tipos: por un lado están los coleccionistas, fanáticos que tal vez no sepan cómo componer una imagen, pero que no dudan al comprar costosas cámaras antiguas de madera o, lo más usual, cualquiera de las míticas cámaras Leica. Por otra parte los fotógrafos, la mayoría profesionales, buscan en el mercado de ocasión los precios más razonables o proponen cambios del propio material, con el fin de adquirir una moderna autofocus, un equipo de formato medio o cualquiera de las cámaras metalizadas a prueba de bombas que ya han dejado de fabricarse.

Para establecer el control de los productos de segunda mano, en Casanova se rigen por una calificación mediante estrellas, como en los hoteles. Va desde una estrella para los artículos en funcionamiento, pero muy usados, hasta cinco estrellas, categoría reservada al material aún por estrenar. Redondean la seriedad de la propuesta un certificado de garantía por seis meses y los servicios de reparación, alquiler y venta por correo. Esta última posibilidad, tal como indica Francesc, uno de los encargados, "nos ha proporcionado una clientela fiel durante años, verdaderos amigos a pesar de no haberlos visto nunca en persona".

A DESTACAR

- Cámaras antiguas de madera
- Cámaras clásicas marca Leica
- Cámaras autofocus
- Material en formato medio

A. AQUIL·LI MAGGI

Ample, 28
Plano: pp.12-13 (115)
Tel.: 310 43 32
Zona: Barri Gòtic, Ciutat Vella
Metro: Drassanes
Autobuses: 14, 17, 18, 36, 40, 45
Horario: lunes-viernes 10.00-13.30 y 16.00-19.30; sábado tarde cerrado
Cierra: agosto
Tarjetas de crédito: todas, excepto 4B
Especialidades: artículos de latón
Precios: pinza de coger papel, 300 Pta.; quinqué de latón, 7.500 Pta.; caballete de latón para cuadros, 30.000 Pta.

Según la leyenda familiar, ésta fue la primera hojalatería de Barcelona. En 1840 Luis Grassi, ascendiente de los actuales propietarios, importó de su Italia natal la artesanía del latón, el estaño y el cobre para fabricar herramientas del campo y la cocina. Este negocio sufrió un serio revés en los años cincuenta con la aparición del plástico, que empezó a usarse para la fabricación de muchos de los productos que vendían en A. Aquil.Li Maggi. Como explica Antonio Maggi, uno de los actuales propietarios: “Con el plástico todo se fue al *carallo*”. Por si fuera poco, en 1958 una normativa municipal sobre contaminación y humos les obligó a cerrar la fundición.

Actualmente, la tienda, que conserva el mostrador original, ofrece una amplia variedad de objetos de latón con fines decorativos. Sus estantes acristalados encierran un gran surtido de candelabros, quinqués, faroles de carro, campanas y un largo etcétera, en el que destacan las medidas, parecidas a jarras, que se usaban para medir los líquidos. Aún hoy se fabrican en el taller de la casa, eso sí, reconvertidas en objetos de adorno.

La tienda también está especializada en utensilios de cocina para repostería. Siguiendo la tradición familiar, la mayoría de estos productos son de fabricación italiana. Pero es en los cajones de la tienda donde se esconden los artilugios más sorprendentes, testigos de lo mucho que han cambiado los tiempos. Entre ellos, las pezoneras de plomo, que antaño se usaban para proteger a las mujeres que sufrían el llamado mal de pecho. Hoy esta infección se cura con un antibiótico.

A DESTACAR

- Objetos de latón para decoración
- Utensilios de cocina para reposteria

BRODATS GIRÓ

Xuclà, 16
Plano: pp.10-11 64
Tel.: 318 58 34
Zona: El Raval, Ciutat Vella
Metro: Catalunya, y también en Ferrocarrils de Catalunya
Autobuses: 14, 18, 38, 59
Horario: 9.00-14.00 y 17.00-20.30

Cierra: agosto
Tarjetas de crédito: V, EC, MC
Especialidades: bordados
Precios: inicial bordada a mano en pañuelo, desde 400 a 800 Pta.; escarpines de bebé hechos a mano, 1.100 Pta.; inicial bordada a mano en servicio de mantelería para seis cubiertos, 15.000 Pta.

Sobre todo, paciencia. Esto es lo que recomienda la consagrada bordadora y dueña de la tienda, Josefina Giró. "Que nadie venga aquí con prisas", advierte. Es tanto y tan lento el trabajo, que se requiere hacer cada encargo con unos meses de antelación. A esta voluntariosa mujer, más de una vez le han propuesto ampliar el negocio; pero ella, constante y tozuda, quiere mantener el carácter artesano que define su labor y su comercio.

La señora Giró cuenta que tuvo que poner mucho empeño para ver su sueño hecho realidad. De muy joven, le entró la apasionada afición de bordar. Cuando su padre, propietario de una zapatería en la misma calle Xuclà, le planteó encargarse del negocio familiar, se negó. "Yo quería una tienda de bordados o nada", nos dice. Así, hace 41 años abrió este pequeño establecimiento y, de paso, embarcó en la aventura a todas la mujeres de la familia. Convenció a su madre y a su tía, que la habían iniciado en el arte del bordado, para que la ayudaran. Más tarde, hizo lo mismo con su hija.

Pero con el tiempo todas fueron abandonando. Josefina Giró se quedó sola con la aguja y los hilos. Ella afirma que: "Aquí se borda, y se arregla si hace falta, cualquier cosa relacionada con la ropa del hogar: sábanas, cortinas, mantelerías, toallas, pañuelos y lencería". La aguja va pasando, a mano o a máquina, según el encargo, para dibujar todos los diseños imaginables, ya sean propios o del cliente.

A DESTACAR

- Todo tipo de bordados a mano y a máquina en ropa para el hogar
- Ropa de bebé hecha a mano
- Mantelerías bordadas
- Pañuelos bordados

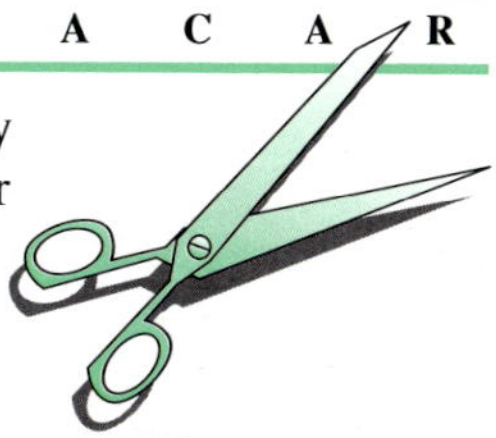

CASA DE LAS BANDEJAS

Sant Josep Oriol, 10
Plano: pp.10-11 (69)
Tel.: 312 34 30
Zona: Barri Gòtic, Ciutat Vella
Metro: Liceu, Jaume I
Autobuses: 14, 17, 18, 38, 45, 59
Horario: 10.00-13.30 y 16.30-20.00

Cierra: una semana en agosto
Tarjetas de crédito: ninguna
Especialidades: bandejas de uso doméstico
Precios: bandeja de cama en madera, 3.500 Pta.; juego de bandeja, delantal, colgador, guante y cogedero, 8.500 Pta.

Del negocio al hogar. Ésta ha sido la evolución experimentada por la Casa de las Bandejas, que abrió sus puertas a finales de los años sesenta. En este pequeño establecimiento se ha pasado de la venta de material –en metal, madera o plástico recio– para hoteles, residencias y charcuterías; a colecciones exclusivas para la casa, donde priman las bandejas para el desayuno, ya que en España se las sigue asociando con la hora del café. La mayoría están realizadas con una base de madera prensada, recubierta por una tela plastificada para conferirle impermeabilidad.

Para la propietaria de este negocio, las bandejas son un indicio del buen vivir, pero no llegan a la categoría de lujo. De hecho, esta comerciante no tiene noticias de coleccionistas de bandejas, a pesar de la amplitud y variedad del muestrario. La gran oferta en lo relativo al estampado de las telas plastificadas responde a los imperativos de la moda del mueble. Así, las bandejas se adquieren en función de las telas de los sillones, sofás, manteles y cortinas de las casas. Si una temporada mandan los cuadros, o listas, o flores, o animalitos, a buen seguro la mayoría de las bandejas disponibles presentarán estos motivos.

Estas tendencias son puntualmente recogidas por los fabricantes, tal como indican sus muestrarios. Por su parte, muchos de los clientes, en su mayoría mujeres, también acuden a la Casa de las Bandejas con revistas de muebles bajo el brazo, con las que pretenden orientarse. Las paneras de metal y los soportes son otros elementos a la venta en esta casa, situada en un barrio donde los negocios dedicados al hogar se destacan especialmente.

A DESTACAR

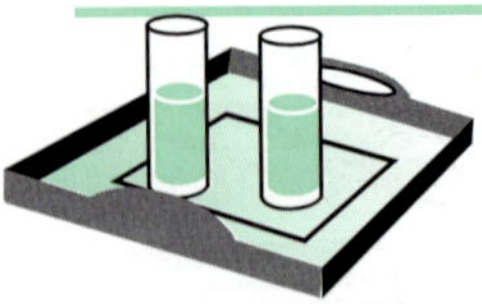

- Bandejas
- Soportes
- Paneras

CASA OLIVERES

Dagueria, 11
Plano: pp.10-11 (100)
Tel.: 315 19 05
Zona: Barri Gòtic, Ciutat Vella
Metro: Jaume I, Liceu, Catalunya, y también en Ferrocarrils de Catalunya
Autobuses: 14, 18, 24, 38, 41, 55, 59, 91, 141

Horario: 9.00-13.00 y 16.00-19.00
Cierra: sábado y agosto
Tarjetas de crédito: ninguna
Especialidades: encaje de bolillos
Precios: patrones, desde 200 a 2.500 Pta.; pañuelos con encaje de bolillos, desde 1.500 a 8.000 Pta.

Rosa Gallifa encarna la cuarta generación de mujeres de una familia dedicada al diseño y manufacturación de encaje de bolillos. La cosa empezó en 1885 con su bisabuela, quien recogió el popular arte y destreza de las *puntaires* de Arbós del Penedés, con la intención de trasmitirla a sus hijas.

En el pequeño y oscuro cubículo donde se ubica la tienda resplandecen centenares de tiras blancas colgadas de las paredes y estanterías. Parecen galones honoríficos que ponen de manifiesto la habilidad con los bolillos o *boixets* de la dueña y maestra, pero principalmente artesana. Rosa Gallifa asegura que entre la gente que acude a sus clases hay tanto mujeres jóvenes como mayores, pero también algún que otro hombre. Según ella, "se trata simplemente de tener ganas y tiempo para dedicarse al encaje de bolillos". Una actividad nuevamente de moda, tras su rescate por parte de algunos creadores, como Almodóvar.

Rosa Gallifa explica los pormenores de su tienda sin levantar la vista de los montones de patrones y de fotocopias de encajes originales, cuya cifra sobrepasa los 2.000 diseños. Aunque muchos de estos dibujos se han dejado de reproducir mediante hilos, todos son totalmente recuperables y susceptibles de ser copiados fielmente o sometidos a variaciones.

"Aquí todo funciona por encargo", dice la señora Gallifa. No obstante, el cliente también puede escoger algunos de los artículos ya hechos, como los pañuelos. Además, en Casa Oliveres disponen de todo lo necesario para adentrarse en el intríngulis bolillero. Incluso los consejos, que salen gratis.

A DESTACAR

- Encaje de bolillos artesano
- Accesorios para hacer bolillos

CERERIA SUBIRÀ

Baixada Llibreteria, 7
Plano: pp.10-11 (92)
Tel.: 315 26 06.
Zona: Barri Gòtic, Ciutat Vella
Metro: Jaume I, Liceu
Autobuses: 14, 17, 18, 38, 40, 45, 59
Horario: 9.00-13.30 y 16.00-19.30
Cierra: sábado tarde
Tarjetas de crédito: todas
Especialidades: trabajos en cera
Precios: vela de 20 centímetros, 30 Pta.; nacimiento de cera, 5.000 Pta.; cirio de bautizo, de 300 a 3.000 Pta.

En Subirà se funden una cerería nacida en 1761 y el decorado de una decimonónica tienda de modas ya desaparecida. Al visitante lo reciben dos grandes figuras femeninas de hierro, situadas al pie de la escalera, cada una sujetando un plafón de luz sobre la cabeza. Curiosamente, estas figuras fueron importadas por la misma compañía de gas que tanto perjudicó a los candeleros de sebo, dedicados al abastecimiento de velas para el hogar, artesanía totalmente diferenciada del trabajo de los candeleros de cera, proveedores de la Iglesia.

Con el paso de los años las separaciones gremiales fueron desapareciendo y, con inventos como la electricidad, también lo haría la necesidad de encender velas. El Concilio Vaticano II también dañaría la producción artesana de los cereros, al suspender determinadas celebraciones donde cirios y candelas tenían protagonismo. "Afortunadamente, cuenta Jordi Subirà, esto se ha compensado comercialmente gracias a la progresiva implantación de la costumbre de quemar velas en casa, que tiene su origen en el centro y el norte de Europa".

Esta emulación cultural, que comenzó hacia los años sesenta y que se ha ido consolidando más recientemente, ocupa gran parte del género de la tienda. Aun así, la Cerería Subirà todavía ofrece una línea clásica que responde a las exigencias del ritual litúrgico, como bautizos y comuniones. El curioso disfrutará también con la creatividad de los obradores cereros, capaces de crear bellas figuras en cera que, al igual que las mejores fallas, se suelen preservar de la quema.

A DESTACAR

- Velas decorativas
- Velas perfumadas
- Cirios y velas para fines eclesiásticos

CORDILLERÍA FARRÉS

Viladomat, 71
Plano: pp.10-11 30
Tel.: 423 91 46
Zona: Eixample Esquerra
Metro: Urgell, Paral·lel, Universitat
Autobuses: 9, 13, 20, 41, 50, 55, 56, 64, 91, 141
Horario: 9.00-13.30 y 16.00-19.30
Cierra: ningún día
Tarjetas de crédito: ninguna
Especialidades: cuerdas y cordeles
Precios: madeja de cáñamo en rama, 200 Pta.; bobina de cuerda pita, 400 Pta.; cono de nailon del número 20.000, 530 Pta.

Esta tienda del Ensanche bien merece la exclamación catalana *¡cordills!* y no es para menos, ante la variadísima oferta de cordeles, normalmente de cáñamo, de distintos grosores, destinados principalmente al empaquetado. La cordelería Farrés también tiene cuerdas de cáñamo de gran grosor, que, junto a las de esparto, algodón o yute, pueden servir en la construcción o para colgar en pozos. Los cordones, además de definirse como hilos o fibras que forman las cuerdas, tienen autonomía propia en otros materiales como lino, nailon, poliéster y rayón.

Ciertamente, en esta cordelería se encuentra casi todo el género del ramo que la define. Pero lo que atrae a mayor número de público y lo que, según el señor Farrés, "permite que la tienda subsista" es la venta de hilos para hacer tapices y macramé. Éstos se hacen con los restos de las fábricas de tejidos y se venden en multitud de colores. Además, hay pantallas de lámparas, anillas y bolas de madera que se aplican a estos trabajos.

Este comercio centenario nació en la calle Hospital. En los años treinta una bomba lo hizo cerrar, y aunque después de una obligada convalecencia quedó restablecido, a finales de 1995 tuvo que trasladar su domicilio con motivo de la expropiación y posterior derrumbamiento del antiguo edificio que durante tantos años fue su morada. Lástima que estas dos reliquias no hayan podido quedar atadas para siempre.

A DESTACAR

- Hilos para macramé y tapices
- Cuerdas, cordeles y cordones de distintos tipos

COSES DE CASA

Plaça Sant Josep Oriol, 5
Plano: pp.10-11 74
Tel.: 302 73 28
Zona: Barri Gòtic, Ciutat Vella
Metro: Liceu, Jaume I
Autobuses: 17, 18, 38, 45, 59
Horario: 9.45-13.30 y 16.30-20.00
Cierra: ningún día
Tarjetas de crédito: todas
Especialidades: cojines y edredones
Precios: cojín liso con cremallera, desde 1.500 Pta.; nórdico con 96% de *duvet*, 22.600 Pta.; edredón *patch-work* matrimonio, desde 26.000 Pta.

Entra y arrópate. Ésa parece ser la invitación de esta tienda dedicada a la venta cojines y edredones. Además, aquí también se ofrece un gran surtido en telas de algodón adaptables a distintas necesidades. El cliente puede llevárselas en metros o bien escoger un diseño para que le hagan cojines, edredones, fundas nórdicas y cortinas a medida. Entre los estampados disponibles destacan los dibujos de los *llengos* de Mallorca, tejidos de hilo y algodón que, en cierta manera, recuerdan los *icats* suramericanos.

Otra de las especialidades de la tienda es el *patch-work,* los agradables trabajos basados en la mezcla de retales. Justo detrás del mostrador, colgado de la pared, hay un edredón realizado con esta técnica. Es la acreditación que demuestra la habilidad de Coses de Casa para crear puzzles de tejido, tan de moda en las últimas temporadas. Ahora bien, el encargado asegura que el *patch-work* es un arte difícil, "te lo imaginas de una manera y sale de otra".

Los nórdicos –edredones rellenos con plumas– también ocupan un buen lugar en este establecimiento. En Coses de Casa se venden seis modelos de este tipo de edredón térmico, diseñados según las exigencias de los diferentes climas y de los distintos sistemas de calefacción de cada hogar. Por supuesto, también hay las fundas nórdicas que los cubren y embellecen; pero, eso sí, añadiendo una irrevocable costumbre de la cama española: treinta centímetros más que permiten enganchar, literalmente, la tradición nórdica por lo bajos de nuestros colchones.

A DESTACAR

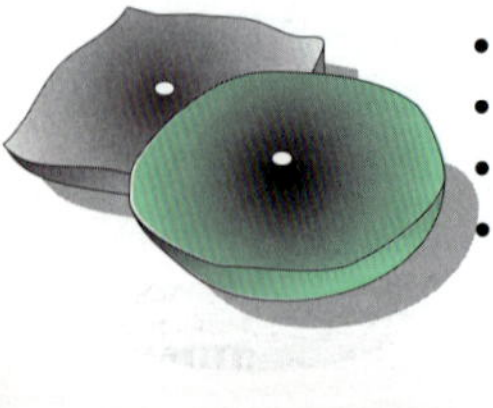

- Edredones de *patch-work*
- Nórdicos y fundas nórdicas
- Telas de algodón estampadas
- *Llengos* mallorquines

EL INDIO

Carme, 24
Plano: pp.10-11 75
Tel.: 317 54 42
Zona: El Raval, Ciutat Vella
Metro: Catalunya, y también en Ferrocarrils de Catalunya
Autobuses: 14, 18, 24, 38, 41, 55, 59, 91, 141

Horario: 10.00-14.00 y 16.30-20.00
Cierra: ningún día
Tarjetas de crédito: ninguna
Especialidades: tejidos
Precios: tarlatana, 150 Pta. por metro; algodón moreno, desde 300 Pta. por metro; lino, 2.000 Pta. por metro.

El Indio parece triste, ya casi ha olvidado su glorioso pasado. La leyenda dice que el primer dueño de este establecimiento, el señor Mitjans, compró el local en 1870 a la vuelta de un viaje a Las Américas. De ahí el nombre. Muchos se contentarían con esta teoría; pero la verdad, según dice el encargado actual, es que el El Indio se llamó así por el protagonismo que entonces tenían los intercambios comerciales entre España y el Nuevo Mundo.

En 1929 vistieron la tienda con un lujoso decorado. Al amplio local, de techos altísimos e interminables mostradores, le precedió un vestíbulo acabado en caoba, figuras de indios cubiertas de pan de oro y suelos de mármol negro. Este establecimiento nació como un centro de modas, al cual acudía la *crème* barcelonesa, acompañada, si hacía falta, de sus modistas particulares. Tanto fue el auge de El Indio que llegó a editar su propia revista, la cual salía cada temporada. Esta publicación, igual que los preciosos materiales de la entrada, sucumbió con el conflicto bélico de 1936.

El Indio sigue siendo inmenso. Pero sólo eso. Una gama interminable de artículos, que incluye casi todos los tejidos del hogar: mantelerías, juegos de cama, toallas, alfombras, tapetes, visillos, cortinajes y un infinito etcétera, se amontonan en esta tienda permanentemente en penumbra, con el aspecto de un viejo almacén. No obstante, siguen resplandeciendo en paredes y columnas imágenes de aquel misterioso indio, iconografía nuevamente de moda.

A DESTACAR

- Tejidos por piezas
- Tejidos y ropa para el hogar

GANIVETERIA ROCA

Plaça del Pi, 3
Plano: pp.10-11 58
Tel.: 412 53 49
Zona: Barri Gòtic, Ciutat Vella
Metro: Liceu, Jaume I
Autobuses: 14, 17, 18, 38, 40, 45, 59
Horario: lunes-viernes 9.30-13.30 y 16.30-20.00; sábado 10.00-13.30 y 17.00-20.00
Cierra: 15 días agosto
Tarjetas de crédito: todas
Especialidades: herramientas de corte de acero inoxidable
Precios: cuchillo de cocina con mango clavado, 800 Pta.; estuche manicura, 10.000 Pta.; hoja de pedicuro, 90 Pta.

Según Montserrat Roca, propietaria de la tienda, cuando se fundó la cuchillería en 1911, España, comparada con Alemania, llevaba un retraso de cinco siglos en lo referente a herramientas de corte. Más de la mitad del género importado, un 70% del total que se vende en la tienda, es germánico; y la señora Roca asegura que no es por capricho, sino, simplemente, "porque casi no hay producción nacional".

Entre las casi cinco mil referencias de acero inoxidable es difícil no encontrar un instrumento que se adecúe a cada ocasión. Hay tijeras para uñas, confección, uso doméstico, cocina, cabello, barbas, mechas de vela, etcétera. No faltan tijeras especiales para manitas infantiles o para zurdos. Pero también se ofrecen las destinadas a personas con artrosis, las cuales funcionan con un muelle en vez de con las clásicas anillas. Incluso, existen las de cuatro anillas, que como un coche de doble volante, sirven para que monitores de personas discapacitadas puedan guiar a sus alumnos en cada tramo a recortar.

Como es de esperar, la historia se repite con los cuchillos: no es lo mismo cortar queso, que verduras o carne. Como tampoco es igual cortar un queso viejo de oveja, que un cremoso *camembert*; o un asado, que un filete crudo. Por si fuera poco, la Ganiveteria Roca va mas allá del mundo de las tijeras y cuchillos. Aparte de complementos como mesas de cortar, peines, brochas y argollas para servilletas, aquí se encuentran cuberterías enteras, herramientas de corte para el sector sanitario y para el cuidado personal.

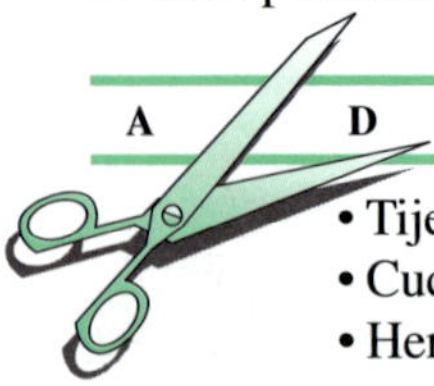

A DESTACAR

- Tijeras para diferentes usos
- Cuchillos para distintos materiales
- Herramientas de corte para la sanidad y para el cuidado personal

GERMANES GARCÍA

Banys Nous, 15
Plano: pp.10-11 78
Tel.: 318 66 46
Zona: Barri Gòtic, Ciutat Vella
Metro: Liceu, Jaume I
Autobuses: 14, 17, 18, 38, 45, 59
Horario: 9.30-13.30 y 16.30-19.30
Cierra: ningún día
Tarjetas de crédito: todas, excepto AE
Especialidades: artículos de junco, mimbre y médula
Precios: cesto, desde 600 Pta.; cuévano para ropa, desde 2.000 Pta.; butaca de mimbre, desde 5.000 Pta.

Las hermanas García llevan con rigor –demasiado, tal vez– la tienda heredada de su padre. Se encuentra en la esquina de Banys Nous con la calle Ave María, que es tan larga, o corta, como el local. En Germanes García se amontonan sin orden aparente toda clase de cestos, mecedoras, hamacas, baúles, butacas, maceteros, cuévanos, bandejas, jaulas y otros enseres hechos de junco, mimbre y médula. También hay cortinas y alfombras de pita y paja; marcos, sillas y taburetes de madera, aunque este último material es el menos común entre los artículos del establecimiento.

A pesar de que la mayor parte de la mercancía a la venta la compran ya manufacturada, las hermanas García también cuentan con producción propia, que se trata básicamente de muebles. Tanto decoradores como clientes particulares vienen a buscar esos modelos exclusivos, que muchas veces quedan modificados por nuevas exigencias en medida y diseño. Además del mobiliario para la casa, este establecimiento tiene como especialidad los cestos. Los hay para ir de compras o de picnic; pero la pequeña de las García asegura que los más vendidos son los destinados al servicio en panaderías, restaurantes y hoteles, donde se convierten en depósito de panes, pastas y otros manjares.

Entre los montones de la monocroma mercancía, que parece haber contagiado a las dueñas, destaca un pequeño cartel: "Precio fijo". Ellas dicen que siempre ha estado ahí, y no lo piensan quitar. "No hay tiempo ni lugar para regateos, si a la gente no le gusta el precio, se va".

A DESTACAR

- Cestería
- Muebles de junco, mimbre y médula a medida
- Objetos de decoración y utensilios para el hogar

LA BOTIGA DEL FELTRE

Argenteria, 78
Plano: pp.12-13 109
Tel.: 319 39 00
Zona: El Born, Ciutat Vella
Metro: Jaume I
Autobuses: 17, 19, 40, 45
Horario: 9.00-13.30 y 16.00-20.00

Cierra: sábado y agosto
Tarjetas de crédito: todas
Especialidades: fieltro
Precios: feltina, 2.670 Pta. por metro; fieltro artesanía, 1.520 Pta. por metro; tapetes a juego 70x70 centímetros, 1.275 Pta.

El origen de esta tienda fue una casa de finales del siglo XVIII dedicada a vender paño para uniformes de marino. Hoy ya no queda ningún vestigio de aquellos tiempos. Se mantiene, eso sí, lo ceremonioso del sobrio mobiliario casi siempre cubierto por muestras de fieltro. El tacto agradable y lo alegre de los colores incita a la cleptomanía: dan ganas de meterse algún trozo en el bolsillo.

La finalidad de cada pedazo de fieltro puede ser tan diversa como las gentes que cruzan la puerta de la tienda. Este aglomerado de fibras, no tejido, merece la calificación de virtuoso gracias a dos de sus características: no se deshilacha y puede cortarse en cualquier dirección. La facilidad para trabajarlo explica que muchos niños y niñas acudan a este lugar en busca de pequeños retales, a 80 Pta. cada uno, con los que realizar sus manualidades.

La Botiga del Feltre también ofrece un material llamado fieltro artesanía, que se vende por metros, destinado a otros trabajos de carácter artesano o incluso para actividades como el forro de escaparates.

Pero si lo que se busca es calidad, se dispone de la llamada feltina o el no menos útil fieltro industrial, ambos cien por cien de lana. El primero, presentado en más de cien colores, se utiliza para hacer manteles y trajes típicos, que solicitan casas regionales y profesionales del espectáculo. El otro se fabrica en diferentes grosores para aplicaciones muy diversas.

La Botiga del Feltre, que tiene fábrica en Sabadell, también confecciona disfraces y muñecos, por supuesto, de fieltro. Los disfraces se ponen a la venta poco antes de las fiestas navideñas, hasta la llegada de la Cuaresma.

A DESTACAR

- Cortes de fieltro
- Disfraces de fieltro
- Muñecos de fieltro

PINO 4

Carrer del Pi, 4
Plano: pp.10-11 60
Tel.: 317 48 89
Zona: Barri Gòtic, Ciutat Vella
Metro: Liceu, Jaume I
Autobuses: 14, 17, 18, 38, 45, 59
Horario: 10.00-13.30 y 16.15-20.00
Cierra: ningún día
Tarjetas de crédito: V
Especialidades: perchas y percheros
Precios: percha adhesiva para paños de cocina, 60 Pta.; percha para traje de caballero, en madera, 1.800 Pta.

Poco tiene que ver Pino 4 con la tienda originaria de este rincón del Barrio Gótico. Antaño se vendían perchas y reclinatorios, todo muy formal y casi eclesiástico. Hoy, sin embargo, priman los colorines, desde los pequeños colgadores de plástico a las perchas forradas, que denotan determinada calidad de vida y el gusto por mimar los detalles. Sólo así se puede entender que se mantenga, y con éxito, un negocio centrado en algo teóricamente tan prosaico y aburrido: colgadores para la ropa y material doméstico, como paños de cocina y toallas.

Un vistazo a los expositores de Pino 4 –todo el género está expuesto, de manera que no se pide, sino que se escoge– permite hacerse una idea de las necesidades de una familia. Por un lado están los productos dedicados a los niños: no sólo perchas en formato reducido, sino, sobre todo, colgadores de abrigos con personajes de dibujos animados, muchos de ellos pintados a mano.

También están, por supuesto, las perchas y colgadores orientados a los adultos. Desde las más sencillas de alambre, a gruesas unidades de madera para que los trajes queden sin arrugas. La oferta de particularidades se extiende a las perchas especializadas para pantalones y corbatas o las pensadas para expositores de tiendas, con barra añadida. Además, una buena parte de la demanda se centra sobre las perchas de encargo, forradas con la tela que elija o traiga el cliente, para lo que se suelen pedir maderas de pino o de haya. Tal especialización lleva a situaciones un tanto inauditas si son sacadas fuera de contexto. Así, en Pino 4 es normal que los clientes se quiten la americana para, *in situ*, comprobar las bondades de las percha que se está adquiriendo.

A DESTACAR

- Perchas de todo tipo
- Percheros de pared

TALLER ESCUELA TEXTIL TERANYINA

Notariat, 10 bajos
Plano: pp.10-11 62
Tel.: 317 94 36
Zona: El Raval, Ciutat Vella
Metro: Catalunya, y también en Ferrocarrils de Catalunya
Autobuses: 14, 18, 24, 38, 59, 91, 141

Horario: 9.00-13.00 y 15.30-19.30
Cierra: sábado y agosto
Tarjetas de crédito: ninguna
Especialidades: tejidos realizados con telares manuales
Precios: juego de botones de resina y fibras, 800 Pta.; fular de lino, 4.000 Pta.; tapiz, 70.000 Pta.

Escondida en una calle con poco tránsito, Teranyina –telaraña, en catalán– atrapa, invariablemente, la curiosidad del paseante. Detrás de sus ventanales se distinguen sus bonitos telares de madera, de lanzadera volante, accionados por los alumnos del taller, que trabajan en un ambiente acogedor de suave luz.

Una vez se atraviesa el umbral de la puerta, el visitante se topa con un amplio surtido de productos a la venta, la mayoría realizados por Teresa Rosa Aguayo, cordobesa, profesora, artesana, artista del tejido y *alma máter* de Teranyina. Ella es, sin duda, la cabeza visible de un centro donde todo el material se confecciona de forma artesanal, con hilos naturales como el lino, el agodón, la lana y la seda. En sus estantes, cuidadosamente expuestos, se pueden encontrar distintos modelos de fulares, chales, juegos de toallas, cortinas, telas de moda, alfombras, chalecos o bolsas.

Teranyina también acepta encargos especiales, como telas tejidas con varios hilos. De hecho, trabajan para algunos modistas de alta costura, y entre su muestrario se encuentran piezas de auténtica fantasía, donde se combinan la lana con cintas de seda e hilos dorados.

Punto y aparte son los tapices diseñados y tejidos por la propia Teresa, licenciada en artes aplicadas en la especialidad del tapiz, por la Escuela Massana de Barcelona. Éstas son las piezas más caras, con precios superiores a las 70.000 pesetas. Unas cifras razonables, si se repara en que la autora expone habitualmente en museos y galerías.

A DESTACAR

- Cortinas de lino
- Toallas de algodón
- Fulares de lana

VERKERKE

Cardenal Cassanyes, 10-12
Plano: pp.10-11 73
Tel.: 302 01 86
Zona: Barri Gòtic, Ciutat Vella
Metro: Liceu, Jaume I
Autobuses: 14, 17, 18, 38, 40, 45, 59
Horario: lunes-viernes 10.15-13.45 y 16.15-20.30; sábado 10.15-20.30
Cierra: ningún día
Tarjetas de crédito: todas, excepto AE y 4B
Especialidades: reproducción de imágenes en papel
Precios: postal fotografía Josef Koudelka, 125 Pta.; *Lirios* de Van Gogh en 60x90cm, 1.900 Pta.; reproducción cuadro de Mark Rothko, 15.000 Pta.

Dos mundos, dos posibilidades. Así podría definirse la división que hace Verkerke mediante un par de locales contiguos, grandes salas repletas de expositores con carteles e ilustraciones. En una de ellas se encuentra la imagen popular, cuando no populista: grupos de rock, gatos, perros, niños pequeños, chicas y chicos guapetones, destinados a dormitorios infantiles y juveniles. En la otra se vende material digno de salones y dormitorios de adultos: reproducciones de grandes obras pictóricas de todas las épocas, así como los clásicos de la fotografía. Todo, eso sí, en papel de calidad y de gran tiraje, procedente de California y de la Unión Europea, excepto España. Inútil, pues, buscar reproducciones en telas y serigrafías numeradas.

Para Jan, el propietario de esta tienda, una buena reproducción en papel debe plantearse como un objeto de consumo agradable e inmediato. Un "visto, elegido, adquirido y colgado" en el mismo día. Para ello, el holandés se beneficia de los sistemas de enmarcados instantáneos en todos los colores. Excepciones a la norma son aquellas reproducciones en formatos extraños o muy grandes, como el caso del impecable Rothko que este negociante muestra con especial satisfacción.

Una ventaja añadida de Verkerke es su emplazamiento, muy cercano al mercadillo de pintores que cada sábado se instala en las plazas del Pi y Sant Josep Oriol. Un ambiente apropiado para una casa con más de 5.000 referencias, entre ellas las muy solicitadas imágenes de Van Gogh, Manet o Keith Haring.

A DESTACAR

- Postales
- Ilustraciones
- Carteles de pintura y fotografía

VINÇON

Passeig de Gràcia, 96
Plano: pp.8-9 ⓭
Tel.: 215 60 50
Zona: Eixample Dreta
Metro: Diagonal; Provença en Ferrocarrils de Catalunya
Autobuses: 7, 16, 17, 20, 21, 22, 24, 28, 43, 44
Horario: 10.00-14.00 y 16.00-20.30
Cierra: ningún día
Tarjetas de crédito: todas
Especialidades: objetos personales y domésticos de diseño
Precios: lápiz, 25 Pta.; vajilla de 56 piezas para 12 servicios, en porcelana blanca, 117.315 Pta.; cocinas completas desde un millón de Pta.

No importa qué objeto de uso personal o doméstico se esté buscando. Seguro que se encuentra entre las 10.000 referencias de Vinçon distribuidas a lo largo de más de 2.000 m^2 de tienda. Casi un barco varado en pleno paseo de Gracia, dividido en las secciones de muebles, cocina, baño, textil, regalos, papelería o juguetes; todas ellas unificadas por el utilitarismo racional, pero siempre acompañado de un diseño interesante.

A Vinçon la avalan un montón de premios y una gran difusión en los medios de comunicación, por lo que está considerada como uno de los fenómenos más representativos del diseño en España. A pesar de ello, Sergio Amat, perteneciente a la tercera generación de una sociedad familiar, que compró su negocio a Hugo Vinçon, prefiere desechar el sobado término de *diseño*, palabra que ya tiene connotaciones negativas en Barcelona.

De esta tienda cabe destacar la Sala Vinçon, antiguo estudio del pintor Ramón Casas, recuperado en 1973 mediante las exposiciones de Bigas Luna, Mariscal, Angel Jové, Estudio Per y Alessandro Mendini. Estos creadores consolidaron este área como un punto de exhibición multidisciplinar y de carácter no comercial, términos bastante sesudos para una mayoría de visitantes que acuden en busca de un objeto o por el simple placer de curiosear. No es para menos: sólo el edificio modernista donde se asienta, de los que la primera planta y el patio interior son impagables, bien vale el paseo. Además, es un espacio donde se permite la entrada a fumadores, perros, niños y otras fierecillas.

A DESTACAR

- Muebles contemporáneos
- Artículos para el hogar
- Artículos de regalo

CASA PALAU

Pelai, 34
Plano: pp.10-11 ㉟
Tel.: 317 36 78
Zona: El Raval, Ciutat Vella
Metro: Universitat, Catalunya, y también en Ferrocarrils de Catalunya
Autobuses: 14, 18, 24, 38, 41, 55, 91, 141
Horario: 10.00-13.30 y 16.30-20.15
Cierra: ningún día
Tarjetas de crédito: todas
Especialidades: trenes eléctricos y modelismo (*scalextrics*)
Precios: coche *scalextric* desde 3.000 Pta.; iniciación al tren eléctrico, desde 10.000 Pta.; locomotora Fulgorex de colección, 125.000 Pta.

Barcelona está poblada por adultos en busca de la infancia perdida. Al menos eso indican las dos plantas de Casa Palau, repletas hasta el techo de maquetas y trenes eléctricos, frecuentadas por una clientela donde abundan los niños, casi siempre de la mano de hombretones, que acuden a este negocio buscando el último modelo a escala del coche de Carlos Sanz; o de cualquiera de las réplicas de las máquinas que utiliza la Renfe. Como aquel padre, cuya excusa para la compra de un costoso tren eléctrico era ¡regalárselo a su hijo recién nacido!

Pero la mayoría de los aficionados acuden sin complejos a esta casa, famosa en toda España por lo extenso de su oferta en trenes y modelismo (más concretamente en *scalextrics*), de todos los precios imaginables: desde cochecitos, a un par de monedas de cien, hasta locomotoras de coleccionismo valoradas en medio millón de pesetas.

La planta baja está dedicada a los coches, así como a las pistas y mandos para montarse un circuito de Gran Premio en el salón de casa. La planta superior es el mundo de las vías ferroviarias a escala. Casa Palau se dedica de lleno a estas materias desde los años cincuenta y su oferta contempla, entre otras, maquinitas de vapor que caben en una cáscara de nuez, o trenes dirigidos mediante los adelantos de la electrónica. Aunque quizá lo más espectacular sean las locomotoras y vías pensadas para el jardín, bastante grandotas, como la que recorre toda esta planta en una instalación cuyas vías cuelgan del techo, a unos tres metros de altura.

A DESTACAR

- Trenes eléctricos
- Coches y circuitos *scalextric*
- Vehículos a escala teledirigidos

EL INGENIO

Raurich, 6 y 8
Plano: pp.10-11 83
Tel.: 317 71 38
Zona: Barri Gòtic, Ciutat Vella
Metro: Liceu, Jaume I
Autobuses: 14, 17, 18, 38, 40, 45, 59
Horario: lunes-viernes 10.00-13.30 y 16.15-20.00; sábado 10.00-13.30
Cierra: ningún día
Tarjetas de crédito: todas, excepto 4B
Especialidades: tienda especializada en artículos de broma, fiestas y máscaras
Precios: máscara de teatro, 1.900 Pta.; diábolo, 3.200 Pta.; cabezudo de cartón-piedra, 21.000 Pta.

La Cataluña tradicional y festiva, con un toque surrealista, tiene su sede en la estrecha calle de Raurich, casi un pasaje peatonal. En este recodo del Barrio Gótico siempre sucede un pequeño milagro: el renacimiento del niño que todos llevamos dentro. Ése que no puede, ni quiere, pasar de largo ante los cabezudos, máscaras terroríficas o el monociclo de la vitrina.

Una vez en el interior, se comprueba que el plato fuerte son las figuras de papel-*maché* y cartón-piedra, casi el distintivo de esta tienda-taller abierta desde 1838. Algunos de los trabajos son bien familiares, como el solete que inspiró, hace ya algunos años, la iconografía de un montaje de la compañía teatral Els Comediants. No faltan tampoco aportaciones de los genios del arte, caso de Dalí y una bella giganta de evocaciones mitológicas; o elementos utilizados por el poeta plástico Joan Brossa, cliente habitual de la casa. En El ingenio también hay estantes para mitos ibéricos, como las cabezas de toros; o aquellos gigantes y cabezudos o dragones y reyes medievales, que salen a la calle en septiembre, por las fiestas de la Mercè.

Hay, sin embargo, algún aspecto chocante en esta tienda, casi una pequeña traición que a buen seguro desagradará a los puristas: incluir, entre el género a la venta, moderno material sintético. Son las máscaras horrorosas y repugnantes, generalmente fabricadas en Inglaterra. Ésas que tanto se solicitan para las fiestas particulares o modismos en boga, como el americano *Halloween,* la fiesta de la víspera del Día de Difuntos. “Una concesión inevitable –se justifica doña Rosa, la encargada– si no se quiere defraudar a chicos y grandes”.

A D E S T A C A R

- Cabezudos en cartón-piedra
- Juegos malabares
- Artículos de broma

EL REY DE LA MAGIA

Princesa, 11
Plano: pp.10-11 94
Tel.: 319 39 20
Zona: El Born, Ciutat Vella
Metro: Jaume I
Autobuses: 17, 19, 40, 45
Horario: lunes-viernes 10.00-14.00 y 17.00-20.00; sábado 10.00-14.00
Cierra: 15 días agosto
Tarjetas de crédito: todas
Especialidades: artículos de magia y prestidigitación
Precios: polvos de estornudar, 100 Pta.; caja de magia para niños, 13.500 Pta.

En El Rey de la Magia casi ningún artículo tiene precio preestablecido. No se despachan, al menos, de la misma manera que en un supermercado. Esta tienda, auténtica universidad para muchos de los magos y prestidigitadores españoles, es cualquier cosa menos un negocio corriente. Sólo la decoración parece un punto y aparte: simula un pequeño escenario, con un mostrador de madera de finísimas patas; mientras que la trastienda está oculta tras una cortina negra, de la que parece que en cualquier momento va a salir un caballero con frac y chistera. De rematar la escenografía se encargan las fotos autografiadas de magos, muchos con aspecto entre enigmático e intimidante, como Li-Chang, el mago mandarín oriundo de Badalona.

Hay, pues, que entrar en el juego. Si bien es cierto que en El Rey de la Magia se pueden adquirir artículos de broma, pues el signo de los tiempos impone una mercancía rentable, la especialidad de la casa es el mundo de la ilusión y las apariencias. En otras palabras: no se acude tanto a comprar un objeto, sino a desarrollar una idea, un concepto, una aptitud que precisa de alguna silla, cajita o mecanismo realizado artesanalmente para poder llevarla a cabo. Según la jerga de los iniciados, se visita esta casa fundada en 1881 para, por ejemplo, *trabajar una levitación*. Es, sin duda, un proceso de aprendizaje y un ritual con el aliciente añadido de un espacio físico anclado en los años treinta. Ya se sabe, la clásica, barroca y, tal vez, excesivamente elegante puesta en escena de los profesionales de la ilusión.

A DESTACAR

- Juegos de magia
- Artículos para bromas
- Bibliografía de magia y prestidigitación

JOGLARIES

Ramón y Cajal, 87
Plano: pp.8-9 ❸
Tel.: 213 40 98
Zona: Gràcia
Metro: Joanic
Autobuses: 21, 22, 24, 28, 39, 55, 87
Horario: 10.00-14.00 y 17.00-20.00
Cierra: sábado tarde y todas las tardes en agosto
Tarjetas de crédito: V, MC y DC
Especialidades: artículos para malabares.
Precios: diábolo mediano, 2.975 Pta.; maza ecológica, 2.500 Pta.; zancos, 45.000 Pta. Descuentos del 15% a profesionales, escuelas y miembros de asociaciones de circo.

Carne de hoguera. Así se consideraría durante la era franquista a todos y cada uno de los objetos a la venta en Joglaries. Y es que por aquel entonces, recuerda Jordi Dodero, encargado de esta tienda y coordinador pedagógico de FAE (Fomento de las Artes del Espectáculo): "Hacer malabarismo o dedicarse al arte circense eran vicios del mal vivir; hasta el punto de regularse por la ley de vagos y maleantes". Los juegos malabares, los diábolos, las mazas, las pelotas, las anillas, los juegos de pompas de jabón, los de equilibrio, los monociclos, el pedal go y los zancos como los que tienen en Joglaries se consideraban, prácticamente, instrumentos diabólicos.

Afortunadamente, y a pesar de lo reciente de aquellos tiempos, nada ha afectado al mundo de Joglaries. Un universo que conecta con el romanticismo medieval, donde los juglares servían de trasmisores orales y entretenedores sociales a través de su poesía, cantos, trucos y juegos. Pero aún hay más: Joglaries organiza cursos para escuelas, maestros, pedagogos y monitores en el tiempo libre.

Aparte de los objetos más clásicos del malabarismo, Joglaries ofrece cualquier tipo de equipamiento para profesionales y aficionados. Desde carpas de circo con todos los instrumentos necesarios, hasta narices de payaso. Todo el material tiene la garantía de haber sido probado previamente por los técnicos de Joglaries, los ya casi míticos Boni y Caroli.

A DESTACAR

- Artículos de destreza y equilibrio
- Bibliografía sobre el mundo del circo
- Complementos

PUZZLEMANÍA

Diputació, 225
Plano: pp.8-9 ⓴
Tel.: 451 58 03
Zona: Eixample Esquerra
Metro: Universitat, Urgell
Autobuses: 54, 58, 63, 64, 66
Horario: 10.00-14.00 y 16.00-20.00
Cierra: 15 días en agosto
Tarjetas de crédito: todas
Especialidades: puzzles
Precios: puzzle de 2.000 piezas, desde 2.000 Pta.; puzzle de 8.000 piezas, 10.000 Pta.; puzzle de madera cortada a mano de 1.000 piezas, 13.000 Pta.

Hay que ser muy maniático para no encontrar en esta tienda un puzzle satisfactorio. Y es que la amplia oferta contempla desde juegos de 24 piezas, hasta locuras de 12.000 fragmentos que, además, reproducen toda clase de imágenes: desde el popular castillo del Rey Loco en Baviera, que curiosamente explotan muchísimo todas las marcas de puzzles; hasta cuadros de Klimt o Van Gogh –los más vendidos–; pasando por las inevitables imágenes de animalitos y héroes cinematográficos de Disney, que encantan a los más pequeños. Entre toda la maraña deben destacarse las imágenes de paisajes paradisíacos, la Capilla Sixtina, los mapas del mundo o los carteles de películas. A veces la imagen no basta, por lo que se puede recurrir a los puzzles con lucecitas, o los que llevan un reloj incorporado. Así, hasta un total de 1.380 referencias.

El encargado, John Cuadra, afirma que la mayoría de clientes son auténticos *puzzleros* más o menos especializados. Los hay que solamente compran puzzles que contengan, de una forma u otra, imágenes de Coca-Cola. También hay aficionados que adquieren puzzles de hasta 8.000 piezas y, una vez acabados, se fotografían con ellos. Luego los deshacen, con la tranquilidad de que ha quedado constancia de su paciente labor.

Puzzlemania es, según las mismas marcas proveedoras, la única tienda en toda Europa dedicada exclusivamente a los puzzles. Además, organiza concursos anuales que permiten a los expertos en la materia exhibir en público esta *manía* que tiene reputación de actividad solitaria y recluida.

A DESTACAR

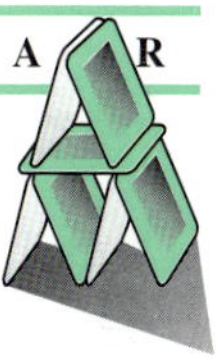

- Puzzles con temáticas diferentes
- Puzzles de madera cortada a mano
- Puzzles con mecanismos incorporados
- *Puzzle and Roll,* manta para enrollar el puzzle

ALTAÏR

Balmes, 71
Plano: pp.8-9 ⓯
Tel.: 454 29 66
Zona: Eixample, Esquerra
Metro: Paseig de Gràcia, Provença en Ferrocarrils de Catalunya
Autobuses: 7, 16, 17, 20, 21, 43, 44, 63
Horario: 10.00-13.30 y 16.00-20.00
Cierra: ningún día
Tarjetas de crédito: todas
Especialidad: librería especializada en viajes
Precios: revista *Altaïr,* 550 Pta.; *Guía de Tenerife* de El País-Aguilar, 1.400 Pta.; mapamundi de Kimberley-Frey, 6.200 Pta.

Una pasión convertida en negocio, el viaje desde la perspectiva antropológica. Así podría definirse a Altaïr, la librería especializada en guías más conocida, y mejor surtida, de la ciudad de Barcelona. Un establecimiento donde acuden todos los viajeros más o menos concienciados y alternativos. O, simplemente, quienes se informan bien antes de salir de vacaciones.

Altaïr nace a finales de los setenta en Ciutat Vella, de la mano de los antropólogos Albert Padrol y Pep Bernades. Años más tarde, en 1986, dan el salto al Ensanche, habilitando un amplio local con capacidad para reunir el actual fondo de, aproximadamente, 50.000 ejemplares. A partir de 1991 coeditan la revista de viajes *Altaïr.*

Tal avalancha de información se ordena atendiendo a puntos geográficos. A cada continente le corresponde un área, subdividida a su vez por anaqueles según países –en España por comunidades autónomas–, que respetan el orden alfabético. En cada uno de ellos se encuentran desde las correspondientes guías de viajes, en todos los idiomas disponibles, hasta los libros de imágenes, pasando por la cartografía, la literatura complementaria, e incluso las biografías de los personajes famosos de cada rincón del mundo.

En esta librería, además de la amplia oferta –sólo España cuenta con una docena de metros de estanterías repletas–, también sorprende el mimo dedicado a los puntos más desconocidos del planeta. Lo normal es quedarse gratamente impresionado al comprobar la sección de literatura africana, o los centenares de discos compactos de música folclórica de todo el mundo que Altaïr tiene a la venta.

A DESTACAR

- Guías de viaje
- Cartografía
- Literatura viajera

BALAAM

Dr. Dou, 11
Plano: pp.10-11 ㉜
Tel.: 302 40 05
Zona: El Raval, Ciutat Vella
Metro: Catalunya, y también en Ferrocarrils de Catalunya
Autobuses: 14, 18, 24, 38, 41, 55, 59, 91, 141
Horario: 10.00-14.00 y 16.00-20.00; sábados 11.00-14.00
Cierra: 15 días agosto
Tarjetas de crédito: V y MC
Especialidades: bibliografía en museología, conservación y restauración de obras de arte
Precios: *Il restauro della pietra,* de Lazzarini, 5.950 Pta.; *The care and conservation of geological material*, de Howie, 13.800 Pta.

Una librería fuera de lo corriente. Bajo su nombre bíblico se ofrecen unos títulos nada comunes. ¿Quieres montar un museo? Entonces necesitarás una guía que te diga cómo archivar, catalogar, restaurar o conservar los objetos. Aquí venden libros que tratan de eso. En esta casa compran grandes museos, como El Prado o el Museu Nacional d'Art de Catalunya, e instituciones más pequeñas, como la casa del Greco en Toledo o el museo de la Minería en Asturias. La mayoría del material a la venta es extranjero, procedente de Estados Unidos, Francia, Reino Unido e Italia.

Balaam también ofrece un amplio surtido de libros que interesan, principalmente, a los creadores, ya sean artesanos del vidrio o encargados de diseñar el vestuario de películas de época; así como a profesionales de la restauración y la conservación de obras de arte. Pero, además, Balaam tiene un público aficionado a recuperar muebles, relojes, muñecas o tejidos, que solicita manuales que enseñen las técnicas correctas.

Aunque la venta de este tipo de libros pueda parecer un negocio arriesgado, la joven propietaria de Balaam, Mireia Xarrié, asegura que cuando montó la librería "apostaba sobre seguro". Ella es licenciada en Historia del Arte y su abuelo era restaurador. Esta especialidad de la familia le dio el privilegio de saber qué y a quién debía vender. La intuición y la experiencia de dos años son otras bazas a su favor, que le empujan a incorporar nuevas tendencias bibliográficas, eso sí, siempre centradas en el arte.

A DESTACAR

• Bibliografía sobre museología
• Bibliografía sobre restauración y conservación
• Libros de técnicas para crear
• Libros de arte de todo el mundo

CÓMPLICES

Cervantes, 2
Plano: pp.12-13 107
Tel.: 412 72 83
Zona: Barri Gòtic, Ciutat Vella
Metro: Jaume I, Drassanes
Autobuses: 10, 14, 17,18, 38, 45, 59
Horario: lunes-viernes 10.30-20.30; sábado 12.00-20.30
Cierra: ningún día
Tarjetas de crédito: todas, excepto AM y 4B
Especialidades: librería *gay* y lesbiana
Precios: postal temática *gay*, 150 Pta.; camisetas con eslóganes, 1.600 Pta.; libro de Edmund White, 2.400 Pta.

La clientela de Cómplices sabe perfectamente cuál es el tipo de material disponible: todo lo relacionado con las opciones *gay* y lesbiana. Desde una camiseta con eslóganes irónicos, hasta libros de fotografías de Robert Mapplethorpe, pasando por centenares de títulos literarios o películas en cintas de vídeo; también el complemento para una salida de fin de semana donde la pasión no esté reñida con la sensatez: un coqueto estuche donde guardar los preservativos.

En esta librería, además de la información, prima el sentido del humor propio de un colectivo que afirma sus gustos. Las propietarias, tres mujeres, pretenden no sólo satisfacer la demanda de unos compradores *gay* y lesbianas venido/as de toda Europa, sino también de los heterosexuales que buscan información al respecto. "Como aquel padre que al enterarse de que su hijo era homosexual –recuerda Conny Dagas, una de las propietarias–, lejos de asustarse, vino en busca de publicaciones para comprender la opción del chico".

Mucho del material disponible en los anaqueles de Cómplices está en inglés, ya que en España no se publica demasiado al respecto. Además, existe una preeminencia de lo *gay* frente a lo lésbico, puesto que en esta tienda las publicaciones dedicadas a mujeres no incluyen los títulos feministas de carácter heterosexual. Conviene destacar el buen ojo y la labor paciente de las propietarias, quienes están al tanto y rescatan para la tienda todas aquellas novelas, películas y cómics que tocan el tema de la sexualidad al margen de la opción más tradicional.

A DESTACAR

- Novelas y biografías de autora/es homosexuales
- Libros de fotografía
- Cintas de vídeo, cómics

CONTINUARÁ CÓMICS

Via Laietana, 29
Plano: pp.10-11 93
Tel.: 310 43 52
Zona: Barri Gòtic, Ciutat Vella
Metro: Jaume I
Autobuses: 17, 19, 40, 45
Horario: 10.30-21.00 (sección cómics *manga* cierra 15.00-16.30)
Cierra: ningún día

Tarjetas de crédito: todas, excepto 4B y DC
Especialidades: cómics y objetos relacionados
Precios: *Stock de Coque* de Tintín, 1.200 Pta.; corbata en poliéster con motivos de ilustraciones, 3.500 Pta.; portafolio numerado con serigrafías de Moebius, 30.000 Pta.

Quince años han sido más que suficientes para darle la vuelta a la tortilla. Los encargados de Continuará Cómics todavía recuerdan la extrañeza generalizada que provocaba, a principios de los ochenta, un negocio tan específico. Hoy la demanda es masiva y la oferta cada vez más numerosa; tanto que el negocio exige a gritos un local todavía más amplio.

Porque Continuará Comics ha terminado convirtiéndose en algo más que una tienda de tebeos. Una definición más precisa sería la de bazar especializado en cualquier objeto relacionado con el mundo de la viñeta. Además de decenas de estantes de revistas y libros, en este local se pueden encontrar cuadernos, mecheros, tazas de café, pósters, serigrafías o prendas de vestir, tales como calcetines, camisetas, camisas, macutos y gorras, adornados con el héroe de turno.

Todo aquello que, en la práctica, resuelve los regalos de cumpleaños de muchos familiares y amigos de los aficionados. Unos coleccionistas cuyos gustos suelen depender de la edad, factor que usualmente empuja a decantarse por una línea concreta. Así, como indica su gerente: "Los clásicos europeos y los tebeos eróticos los compran quienes ya han superado los veinticinco; mientras que los superhéroes americanos y, sobre todo, los *manga* japoneses, el inesperado exitazo de las últimas temporadas, con una planta baja dedicada en exclusiva", son los preferidos por los quinceañeros. Entre estos últimos abundan las chicas, quizá porque pueden identificarse con las muchas y resueltas heroínas de ojos rasgados, ésas que no dudan en dar bofetones a listillos y villanos.

A DESTACAR

- Cómics *manga* japoneses
- Pósters y serigrafías de autores europeos
- Ropa con motivos de Tintín

FORÇA 6

Balmes, 69
Plano: pp.8-9 ⓰
Tel.: 454 01 34
Zona: Eixample Esquerra
Metro: Paseig de Gràcia, Provença en Ferrocarrils de Catalunya
Autobuses: 7, 16, 17, 20, 21, 43, 44, 63
Horario: 9.30-13.30 y 16.00-20.00
Cierra: ningún día
Tarjetas de crédito: todas
Especialidades: librería especializada en náutica
Precios: libro-test para las embarcaciones de recreo, 1.215 Pta.; aeroguía del litoral de Cataluña (Editorial Planeta), 4.300 Pta.; maqueta en madera de un *clipper*, 180.000 Pta.

Es la *hermana* y vecina de Altaïr, la tienda especializada en viajes. En este caso la pasión originaria de los propietarios es la náutica, de la que se cuenta con todo lo disponible en el mercado español y gran parte de lo editado allende nuestras fronteras. Por ello, en Força 6 lo normal es toparse con títulos en inglés, francés o castellano.

Força 6 también cuenta con una escuela de navegación y un servicio de veleros de alquiler. Con el paso de los años este establecimiento ha ido respondiendo a la demanda más diversificada de los aficionados, desde chicos jóvenes que se inician con pequeñas embarcaciones, hasta jubilados en busca de datos precisos para sus maquetas de barcos. Incluso frecuentan Força 6, tal como indica, no sin ironía, uno de los socios, "algunas secretarias de ricos y muy ocupados propietarios de yates, a las que les encargan comprar las cartas náuticas de los destinos de moda".

En Força 6 las publicaciones se ordenan atendiendo a una treintena de apartados específicos. Entre ellas las de submarinismo, una actividad en alza, arqueología subacuática, esquí náutico, derecho náutico o, incluso, naufragios –por fortuna con poca bibliografía– y museos navales. Todos ellos suman un fondo de, aproximadamente, unos 3.500 títulos. La venta por correo, una oferta surtida de vídeos y la existencia de un tablón de anuncios –donde se puede proponer una venta o reclamar la atención de otros marineros para una singladura– redondean el atractivo de esta tienda, propia de una ciudad mediterránea.

A D E S T A C A R

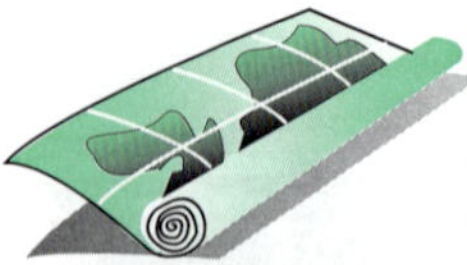

- Libros de náutica
- Cartas náuticas
- Material (transportadores, sectantes)
- Maquetas

LAIE LIBRERÍA-CAFÉ

Pau Claris, 85
Plano: pp.8-9 ㉕
Tel.: 318 17 39 (librería) y 302 73 10 (café)
Zona: Eixample Dreta
Metro: Catalunya, y también en Ferrocarrils de Catalunya, Urquinaona
Autobuses: 7, 18, 22, 24, 28, 39, 42, 45, 47, 50, 54, 56
Horario: 10.00-21.00 (librería); 9.00-1.00 (café)
Cierra: ningún día
Tarjetas de crédito: todas
Especialidad: librería y café-restaurante
Precios: café con leche, 125 Pta.; novela *El Amante del Volcán*, de Susan Sontag, 2.000 Pta.; colección *Catalogue Raisonné*, de Edward Hopper, 4 tomos, 86.525 Pta.

El logotipo de Laie muestra un libro sobre el que reposa una taza de café humeante. Una imagen perfecta para sintetizar el espíritu de este negocio del Ensanche, donde se combinan la restauración y la venta de publicaciones. Así, en su planta baja, el visitante dispone de decenas de anaqueles con más de 20.000 títulos, ordenados por secciones: poesía, arte o historia, la mayoría editados en castellano, catalán, inglés y francés; mientras que en el primer piso sirven desde cafés a tres menús completos, para lo que se cuenta con una barra y un par de salones.

Y es que hay pocas cosas más agradables que saborear un *cafelito* con cruasán mientras se hojea el libro que se acaba de comprar, o el periódico del día, a libre disposición de la clientela. Todo ello en un espacio bastante agradable y literario: sólo hay que ver la cara de alegría de Pepe, el encargado del café, cuando el cliente reconoce a los literatos de las fotografías que decoran esta primera planta.

Este ambiente se mantiene, por supuesto, en las diferentes salas de la librería. El toque parisino de la casa se debe no sólo a la cantidad, calidad y presentación de los títulos que abarrotan anaqueles y mesas expositoras. También ayuda la voluntad expresa de los encargados por hacer de Laie un lugar interactivo: allí tienen lugar conferencias, presentaciones de libros, mesas redondas y tertulias.

A DESTACAR

- Novedades literarias
- Libros de arte
- *Crêpes*
- Bufé de ensaladas

LLIBRERIA ALMIRALL

Princesa, 16
Plano: pp.10-11 97
Tel.: 319 80 06
Zona: El Born, Ciutat Vella
Metro: Jaume I
Autobuses: 17, 19, 40, 45
Horario: lunes-viernes 9.00-13.30 y 16.00-20.00; sábado 9.00-14.00
Cierra: 15 días agosto
Tarjetas de crédito: todas
Especialidades: libros de tradiciones sagradas de la humanidad
Precios: libro del *Tao Tse King* (Luís Carcao Editores), 600 Pta.; libro *La ciencia sagrada,* de Paidós-Orientalia, 2.900 Pta.; imagen Buda, de Indonesia, 15.000 Pta.

Advertencia: la librería Almirall no es ni una casa de material religioso al uso, ni un negocio especializado en esoterismo. Tampoco es, tal como indica su propietario, "una especie de farmacia, donde el cliente acude en busca de un libro-medicina para su dolencia". Muy al contrario, el planteamiento motor de este negocio es el estudio, desde una visión humanista, del hecho religioso como algo genérico. Ello explica que este establecimiento esté decorado con símbolos religiosos de las siete grandes creencias: hinduísmo, mazdeísmo, budismo, taoísmo, cristianismo, judaísmo e islamismo.

Un vistazo a los anaqueles de la librería, caracterizada por el rigor selectivo de los títulos a la venta, da idea del estado de la cuestión respecto a las publicaciones en castellano. En esta antigua fábrica de papel del siglo XVIII se encuentran tanto títulos de moda que versan sobre el *boom* de los ángeles, como manuales de meditación trascendental. La oferta también contempla estudios sobre el arte religioso –el dueño es pintor– y la simbología desde tiempos inmemoriales.

Aunque la clientela de la Llibreria Almirall es sorprendentemente variada –estudiantes, amas de casa, profesionales de todas las edades–, todos tienen un punto en común: más que para solicitar un título en concreto, acuden en busca de asesoramiento sobre un tema trascendental delimitado. Estas inquietudes son el germen de charlas interesantes y espontáneas, corrillos donde, literalmente, se trata sobre lo divino y lo humano. Es, obvio decirlo, un negocio a visitar con tiempo de sobra.

A DESTACAR

- Libros de temática sagrada
- Estatuas e iconos religiosos

LLIBRERIA COSTA

Plaza Sant Just, 5
Plano: pp.12-13 108
Tel.: 302 52 41
Zona: Barri Gòtic, Ciutat Vella
Metro: Jaume I
Autobuses: 17,19, 40, 45
Horario: 11.00-14.00 y 17.00-21.00
Cierra: ningún día
Tarjetas de crédito: ninguna

Especialidades: libros raros y curiosos, documentos relacionados con Cataluña
Precios: testamento del siglo XVI, 15.000 Pta.; colección de seis números de la revista *El Lerrouxista* (Hostafrancs), 1934, 20.000 Pta.; tratado de tejidos (manuscrito y con muestras de tejido) del siglo XIX, 200.000 Pta.

En un pequeño espacio atiborrado de papel impreso, Joaquim Costa compra y vende libros raros y curiosos. También se dedica a recopilar cualquier publicación o documento, desde un cromo regalado por alguna marca de chocolate hasta un viejo testamento que hable o haga referencia a Cataluña y, por extensión, a Valencia y las Baleares. En ambos casos, excepto en ocasiones muy especiales, el señor Costa desestima aquellas producciones que no lleven, como poco, cincuenta años a sus espaldas. Es, sin duda, una auténtica *isla del tesoro* para bibliófilos y estudiosos de la Cataluña más tradicional. También un suplicio para los alérgicos y los aprensivos. Ésos que imaginan colonias de bichitos amantes del polvo y del papel vetusto.

Muchas veces la rareza y la inevitable referencia catalana se entrecruzan. Según Costa, no se trata tanto de que los libros y los documentos estén editados en Cataluña o publicados en catalán, sino que toquen temas como genealogía, heráldica, onomástica, arte, filosofía o literatura catalanas. De esta manera, la Llibreria Costa consigue reunir de una sola materia, como la política, 1.368 títulos.

Hay también las obras de bibliófilos y coleccionistas, que Joaquim Costa define como "aquellas que están numeradas, que pertenecen a una edición limitada y fueron firmadas por el autor". Para ilustrar este caso el librero muestra un ejemplar de la primera edición de *Lo Somni de Sant Joan* de Jacint Verdaguer que, publicada a finales del siglo XIX y dedicada por el simbólico capellán-escritor, ahora alcanza el precio de 60.000 Pta.

A DESTACAR

- Libros raros y curiosos de cualquier tema
- Documentos relacionados con Cataluña
- Libros dedicados por el autor

NORMA CÓMICS

Passeig Sant Joan, 9
Plano: pp.10-11 (39)
Tel.: 245 45 26
Zona: Sagrada Familia
Metro: Arc del Triomf
Autobuses: 19, 39, 40, 41, 42, 51, 55, 141, B25
Horario: 10.30-14.00 y 17.00-20.30
Cierra: ningún día
Tarjetas de crédito: todas
Especialidades: cómics y objetos relacionados
Precios: llavero de Astérix, 400 Pta.; libro de cómics *Tangencias* de Miguelanxo Prado, 1.200 Pta.; serigrafía de Ana Juan, 10.000 Pta.

Los sábados por la tarde Norma Cómics parece un mercado de abastos en horas punta. Literalmente, no se pueden ver las estanterías, de tantos clientes que deambulan por los pasillos. Tanto es así, que unos discretos carteles recuerdan la conveniencia de "llevar los abrigos abiertos dentro del local". Son indicativos dirigidos a una pequeña minoría con tendencia a *olvidarse* de pasar por caja.

A esta tienda abierta al público desde 1987, nodriza de una cadena con ramificaciones por toda España, acude buena parte de los aficionados al cómic de Barcelona. Una pequeña legión especializada, eso sí, según tendencias muy delimitadas, inapreciables para los legos en la materia. Por ello los títulos disponibles se ordenan de acuerdo a las diferentes editoriales –Norma tiene su propia editorial, con más de 300 títulos–, cada una de ellas con estilos y temáticas diferentes. "Desde el cómic erótico francés calificado para adultos; hasta el inevitable *manga* nipón de la planta baja que –tal como señala Alex, el encargado– los adolescentes suelen devorar en el japonés original". "Una preferencia, confiesa el citado responsable, que no deja de sorprenderme y que me ha obligado a aprender la numeración en este idioma, para saber al menos qué volumen estamos vendiendo".

Norma Cómics de Passeig Sant Joan es también un buen exponente del fetichismo propio de los aficionados. Son aquellos que miran con delectación y están dispuestos a pagar unos buenos miles por una página original enmarcada del profesor Franz de Copenhague, aquel sabio loco que salía en el TBO.

A DESTACAR

- Libros de cómics
- Ilustraciones
- Camisas y relojes con personajes

PRÒLEG

Dagueria, 13
Plano: pp.10-11 96
Tel.: 319 24 25.
Zona: Barri Gòtic, Ciutat Vella
Metro: Jaume I
Autobuses: 17, 19, 40, 45
Horario: lunes 17.00-20.00; martes-viernes 10.00-14.00 y 17.00-20.00; sábado 11.00-14.00 y 17.00-20.00
Cierra: ningún día
Tarjetas de crédito: todas
Especialidades: bibliografía con temática sobre la mujer
Precios: *Agenda de la Mujer*, de Horas y Horas, 1.100 Pta.; Giulia Colaizi: *Feminismo y Teoría Fílmica*, 2.000 Pta.; Marion Mebes y Lydia Sandrock: *Ni un besito a la fuerza*, 1.200 Pta.

Pròleg divide su espacio dedicado a las mujeres en tres secciones. La fundamental es la librería. No menos importantes son la sala de exposiciones y el área destinada a la realización de actividades, como talleres literarios, seminarios interdisciplinares, ruedas de prensa, conferencias y grupos de debates. También, faltaría más, se reserva este tercer espacio para las tertulias abiertas al público, que se celebran el segundo sábado de cada mes.

El contenido de los libros, como el de todas las actividades de Pròleg, giran en torno al mundo de la mujer desde una perspectiva feminista. El grueso de la clientela es, en buena lógica, mujeres jóvenes con aspecto desenfadado y progresista. Las secciones bibliográficas de esta librería recorren disciplinas tan diversas como la historia, la antropología, el análisis literario, la psicología, el arte, la religión, la novela o la poesía. Aunque Pròleg está especializada en Autoras –así, con mayúsculas–, no quiere decir que en su catálogo no incluya obras de escritores masculinos. “A condición –como indica Angels Grases, la encargada del establecimiento– de que sigan centrándose en la problemática y el universo femeninos”.

Son destacables algunas de las publicaciones que facilita Pròleg, como, por ejemplo, la revista *Duoda*, que edita el Centre de Reçerca de Dones de la Universitat de Barcelona. También es muy recomendable la línea bibliográfica infantil-juvenil, seleccionada con gran acierto, desechando cualquier prejuicio sexista. Una librería, en definitiva, para todos los públicos.

A DESTACAR

- Bibliografía en torno la temática femenina
- Literatura infantil-juvenil no sexista

TARTESSOS

Canuda, 35
Plano: pp.10-11 (71)
Tel.: 308 81 81
Zona: Barri Gòtic, Ciutat Vella
Metro: Catalunya, y también en Ferrocarrils de Catalunya
Autobuses: 14, 16, 17, 18, 38, 41, 55, 59, 141
Horario: 10.00-14.00 y 16.30-20.00
Cierra: ningún día
Tarjetas de crédito: todas, excepto AE y 4B
Especialidades: librería especializada en fotografía
Precios: *Photopoche,* de Henri Cartier-Bresson, 1.700 Pta.; *Son de Cuba*, de Tomás Casademunt, 3.000 Pta.; *Lines of my hand*, de Robert Frank, 8.000 Pta.

Tras mirar las estanterías de Tartessos se extraen un par de conclusiones. La primera es la constatación de la belleza y buena edición generalizada de los libros de fotografía. La segunda es que sus elevados precios casi siempre cortan el resuello, ya que la mayoría son ejemplares venidos de fuera, con distribuidoras que se mueven en dólares, marcos y francos.

La fotografía nunca ha sido una pasión barata. Y menos aún sus publicaciones en buen papel satinado. Por eso es especialmente digno de elogio que un pequeño establecimiento se atreva a ofrecer medio millar de títulos diferentes, importados uno a uno, de todos los grandes maestros de la cámara. Allí están desde clásicos del reportaje como Henri Cartier-Bresson, hasta vanguardistas rompedores, caso de Joel Peter Wilkin. También provocadores natos, como Robert Mapplethorpe, cuyas imágenes explícitamente sexuales contrastan con las de las otras librerías de la calle Canuda, la mayoría dedicadas a publicaciones religiosas.

En Tartessos la oferta fotográfica se refuerza con títulos de tipo práctico y con un espacio reservado para exposiciones. Y es que en sus paredes se cuelgan cada año las fotografías de una docena de autores jóvenes residentes en Barcelona. La viabilidad de un negocio cuyos libros pueden tardar en venderse meses, incluso años, es posible gracias al complemento de una sección de literatura. Ésta cuenta, además de las últimas novedades en narrativa, con un buen surtido de poesía, otro tipo de creación cuyos aficionados son tan fieles como poco numerosos.

A DESTACAR

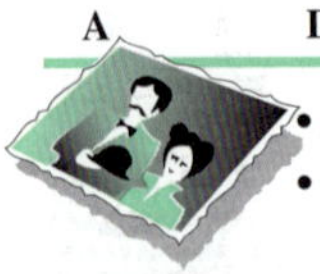

- Libros de fotografía
- Literatura en general

ALFOMBRAS TURKESTÁN

Rambla Catalunya, 76
Plano: pp.8-9 17
Tel.: 215 23 03
Zona: Eixample Esquerra
Metro: Passeig de Gràcia, Diagonal, y también en Ferrocarrils Catalunya, estación de Provença
Autobuses: 20, 21, 43, 44
Horario: 9.45-13.30 y 16.30-20.00
Cierra: agosto
Tarjetas de crédito: todas
Especialidades: alfombras orientales
Precios: alfombra *gabbeh* (1,70x2,40m), 340.000 Pta.; alfombra diseño floral de Irán (2,50x3,59m), 760.000 Pta.

Aladino no dudaría en cambiar su lámpara maravillosa por cualquiera de las alfombras de la colección privada de esta empresa, verdadero tesoro que ha ido recopilando desde 1913. No hace falta ser ningún genio para darse cuenta de la belleza y de la calidad de los artículos, la mayoría de procedencia oriental.

Lo primero que sorprende son las alfombras denominadas *gabbeh* que adornan el escaparate. Estas alfombras proceden del sur de Irán y se caracterizan por sus vivos colores y lo rústico de sus diseños. Actualmente, "son un bombazo", afirma el encargado, Juan Sastre. Seguramente el éxito de este producto se debe a que sus tonos puros y sus líneas irregulares casan perfectamente con el último grito en moda textil. Sin embargo, y aunque parezca sorprendente, las *gabbeh* son reproducciones actuales de antiquísimos modelos. Se puede considerar cada una de ellas como una obra de arte: el tejido se tiñe con pigmentos naturales, para luego tejerse y anudarse a mano, lo cual da un carácter único a cada pieza.

Juan Sastre asegura que, ante el éxito de esta modalidad, han aparecido imitadores a lo largo de todo Oriente. No obstante, "cuando alguien te presenta un *gabbeh* hecho en la India, no puedes menos que reírte. Estas alfombras son únicas", afirma. Junto a ellas se despliegan otras exquisiteces iraníes, afganas y paquistaníes.

La clientela es muy exigente y, por supuesto, bastante acomodada. Los precios lo explican todo: por las nubes, a pesar de la bajada generalizada de las tarifas, debida a la producción masiva iraní posterior a la Revolución islámica de 1979.

A DESTACAR

- *Gabbeh* iraníes
- Alfombras de diseño clásico iraníes
- Alfombras afganas y paquistaníes

ANTIGUA PASAMANERÍA JUAN SOLER

Plaça del Pi, 2
Plano: pp.10-11 51
Tel.: 318 64 93
Zona: Barri Gòtic, Ciutat Vella
Metro: Liceu, Jaume I
Autobuses: 14, 17, 18, 38, 40, 45, 59
Horario: 9.30-13.30 y 16.00-20.00
Cierra: sábado tarde
Tarjetas de crédito: ninguna
Especialidades: pasamanería manual
Precios: borlas, desde 220 hasta 10.000 Pta.; flequillo para mantones (10cm de ancho), desde 300 Pta. el metro.

Es difícil resistirse a la fascinación de este pequeño establecimiento. Ante el pulcro orden geométrico de las estanterías que forran las paredes como si se tratara de una biblioteca. Son una especie de archivo donde se guardan celosamente los ejemplares disponibles, todos con distintas estampas y colores.

El surtido de la Antigua Pasamanería cuenta con casi 3.000 referencias, siempre relativas al mundo de la decoración y la confección. A saber: los galones, cintas, grecas, borlas y alzapaños sirven a tapiceros y fabricantes de cortinas. Sin embargo, los cordones, flequillos, plumas y fornituras para vestidos son útiles a las modistas, ya sea para componer el atuendo de una artista de variedades, para ensalzar un traje de gala, o para cubrir de ensueño la ropita de la nieta.

La profesionalidad y la complicidad con el cliente que despliegan Juan Soler y sus empleados es tan admirable como sus borlas de oro entrefino, a 15.000 pesetas la unidad. Las venden básicamente a anticuarios o a instituciones religiosas. También hacen borlas y abrazaderas con materiales más modestos con vistas a un público más amplio. Partiendo casi siempre de un patronaje propio, se elaboran según el modelo, color y tamaño que encarga el comprador.

La pasamanería de Juan Soler, abierta en 1898, lleva cuatro generaciones a sus espaldas, resistiendo el oleaje de las modas y los tiempos azarosos

A DESTACAR

- Borlas y alzapaños artesanos
- Galones
- Flequillos
- Fornitura para vestidos

ARGUMENTS NATURALS

Astúries, 10
Plano: pp.8-9 ❿
Tel.: 415 72 97
Zona: Gràcia
Metro: Fontana
Autobuses: 22, 24, 28, 87
Horario: 10.00-14.00 y 17.00-20.15; sábado 11.00-14 y 17.00-20.15
Cierra: 15 días agosto
Tarjetas de crédito: V, EC, MC
Especialidades: muebles ergonómicos
Precios: silla Tripp Trapp, 19.450 Pta.; silla Gravity en piel, 229.000 Pta.

Para sentarse y sentirse bien. Los muebles ergonómicos están diseñados con la pretensión de estimular el movimiento y los cambios frecuentes en la postura sentada. Según Peter Opsvic, el creador de la mayoría del mobiliario que Arguments Naturals tiene a la venta, la naturaleza del ser humano es dinámica; por lo que son las sillas y mesas las que se han de adaptar a las necesidades humanas, y no al revés.

El establecimiento, muy espacioso y tan acogedor como la filosofía que proyecta, se basa, principalmente, en una gama de artículos de la marca Stokke. Esta casa noruega utiliza la madera de haya cultivada en viveros, metales reciclables, barnices que no dañan el medio ambiente, ceras y aceites naturales. Es decir, estamos ante la panacea de una exigente salubridad combinada con el ineludible compromiso ecológico.

El producto estrella son las sillas. Las hay de todas clases: la silla Tripp Trapp se adapta al tamaño de cualquier niño, proporcionándole seguridad y un apoyo estable para los pies. La silla Gravity, con aspecto de sillón, permite experimentar hasta cuatro posiciones, siempre manteniendo la curvatura original de la espalda. La butaca Ekstrem, de caprichoso diseño, pretende acoger cualquier proeza que nuestro cuerpo sea capaz de llevar a cabo.

Además, Arguments Naturals vende mesas graduables, con soportes para los pies y con atriles para hacer más cómoda la lectura. Aunque no pertenezca a la línea ergonómica, en Arguments Naturals también se promueve el mobiliario de carácter alternativo, como los futones, disponibles en camas o sofás.

A DESTACAR

- Sillas ergonómicas
- Mesas ergonómicas
- Futones
- Complementos ecológicos de decoración

CENDRA 27

Cendra, 27
Plano: pp.10-11 ㉛
Tel.: 441 09 60
Zona: El Raval, Ciutat Vella
Metro: Sant Antoni
Autobuses: 24, 41, 55, 91, 141
Horario: 17.00-20.00
Cierra: sábado y agosto

Tarjetas de crédito: ninguna
Especialidades: transformación y restauración de muebles viejos
Precios: espejo, 5.500 Pta.; tocador, 25.000 Pta. (El precio depende del trabajo que conlleve cada artículo)

El buen gusto no está reñido con la formica, siempre y cuando pase por las manos de Fernando y Manuela, propietarios de esta peculiar tienda de muebles. La filosofía de Cendra 27 es convertir, *travestir* dicen ellos en broma, un mueble cualquiera, normalmente fabricado con materiales de baja calidad, en una pieza nueva y única.

Aunque la mayoría del material que trabajan Fernando y Manuela lo proporciona el propio cliente, en la tienda disponen de una pequeña exposición de sus pequeños milagros, todos a la venta. Sin duda, uno de los puntales del éxito de este joven negocio es la idea del mueble personalizado y único. Cada pieza es irreproducible y se confecciona pensando en su futuro usuario y en el lugar de la casa donde vaya a colocarse. Si es necesario, visitan el piso del cliente. El trabajo único, en función de los demás muebles del usuario, da lugar a que casi se consideren piezas de arte. "Ahora firmamos los muebles, desde que un cliente nos lo pidió –explica Fernando– al cliente le gusta mucho exhibir algo que se ha hecho exclusivamente para él y para nadie más".

A pesar de su relativa novedad –abrieron a finales de 1994–, en Cendra 27 ya cuentan con una clientela fija que va desde algunos eurofuncionarios, a la Paquita, una abuela del barrio de más de 70 años, que se enamoró de una butaca tapizada con una tela de diseño. Los precios, de momento muy por debajo del mercado, se establecen según la pieza y el trabajo: "Estamos empezando y nos interesa que la gente quede contenta con nosotros", dicen.

A DESTACAR

- Muebles viejos reciclados y redecorados

EXPO ALFOMBRA IRÁN

Laforja, 109
Plano: pp.10-11 8
Tel.: 209 95 80
Zona: Sarrià, Sant Gervasi
Metro: Gràcia, en Ferrocarrils de Catalunya
Autobuses: 14, 27, 58, 64
Horario: 10.00-13.30 y 16.00-20.00

Cierra: agosto
Tarjetas de crédito: ninguna
Especialidades: alfombras orientales, especialmente persas
Precios: *kelardasht* (2x3 metros), desde 178.000 Pta.; *shiraz* (1,50 x2,50 metros), desde 55.000 Pta.; *kilim* afgano envejecido (1,50 x 2,00 metros), desde 45.000 Pta.

Un entresuelo más bien pequeño acoge multitud de alfombras que, amontonadas en el suelo, unas encima de otras, apenas dejan espacio para que el visitante circule. ¿Cuántos habrán deseado echarse sobre los preciosos diseños y soñar con que le susurraban uno de los cuentos de *Las Mil y Una Noches*?

Omid Sayari, de origen persa, parece estar tan inmiscuido en las alfombras como los miles de nudos que las componen. Él se aparta de algunas de las opiniones en boga. Por ejemplo, cree que los *gabbeh* iraníes –alfombras de tipo rústico del sur de Irán– están sobrevaloradas. "En realidad, su diseño es sencillo y los nudos son del tamaño de un garbanzo –cuanto más pequeño es el nudo, más trabajada está la alfombra–, lo que ocurre es que las *gabbeh* están hechas según el gusto occidental, además ha habido una exaltación de esta alfombra por parte de decoradores y revistas de moda".

Para el propietario de Expo Alfombra Irán es importante aprender a valorar cada pieza. En ella toman parte colores, diseños, nudos, materiales, flecos y orlas. Todos esos elementos definen, además, el lugar de procedencia de los distintos artículos. "Cada pueblo, cada zona tiene su forma de hacer alfombras", dice Sayari. En este establecimiento el 80% del género es persa. El resto viene de lugares como Afganistán, Pakistán y el Cáucaso.

Según Omid Sayari, aunque nos parezcan caras estas alfombras, en realidad los precios están bastante ajustados.

A DESTACAR

- Alfombras persas
- Alfombras afganas
- Alfombras pakistaníes
- Alfombras del Cáucaso

MATALASSERIA AGUSTÍ MONTFORT

Xuclà, 19
Plano: pp.10-11 63
Tel.: 301 13 39
Zona: El Raval, Ciutat Vella
Metro: Catalunya, y también en Ferrocarrils de Catalunya
Autobuses: 14, 18, 24, 38, 41, 48, 55, 59, 91, 141
Horario: 9.00-13.30 y 17.00-20.00; sábado 10.00-14.00
Cierra: agosto
Tarjetas de crédito: todas
Especialidades: colchones
Precios: colchón de lana, a partir de 35.000 Pta.; colchón de lana modelo greco, a partir de 45.000 Pta.; reparaciones, a partir de 8.000 Pta.

Este negocio abrió sus puertas por vez primera en la calle Xuclà en el año de la I Guerra Mundial, es decir, en 1914. Por aquel entonces todo el material a la venta era de producción propia: colchones de algodón, borra y crin vegetal. Pero, en realidad, la actividad principal consistía en rehacer los colchones de lana. Los empleados de la colchonería Agustí Montfort, así como de cualquier otra colchonería, lavaban las telas y *pasaban* la lana del relleno en las azoteas de los edificios donde vivían sus clientes. Este arcaico y curioso sistema dejó de llevarse a cabo a finales de los sesenta.

Actualmente, la empresa recoge los colchones de lana a domicilio para repararlos en la tienda. Según los Montfort –padre e hijo llevan el negocio–: “Un colchón de lana dura toda la vida, pero para asegurar su higiene y confortabilidad debe pasar por las manos de un artesano cada tres o cinco años”. Además de colchones de lana, la Matalasseria Agustí Monfort también fabrica almohadas de miraguano o pluma.

En este establecimiento se puede encargar el colchón y la almohada a la medida de los sueños de cada uno, además de la elección de la tela de algodón con que se hace la funda. La Matalasseria Agustí Montfort también brinda la oportunidad de recuperar estampados ya clásicos; aunque para sobrevivir, esta tradición colchonera se ha visto obligada a la convivencia con la modernidad: además de las piezas artesanales, aquí se encuentra cualquier artículo a la venta en otras colchonerías, como los colchones de muelles, de látex o de espuma de poliuretano.

A DESTACAR

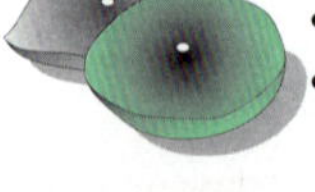

- Colchones de lana artesanos
- Almohadas artesanas

SILLAS JUAN MASALLERAS

Plaça Sant Josep Oriol, 4
Plano: pp.10-11 68
Tel.: 302 59 35
Zona: Barri Gòtic, Ciutat Vella
Metro: Liceu, Jaume I
Autobuses: 14, 18, 38, 59
Horario: 11.00-13.30
Cierra: sábado tarde; agosto y primera quincena septiembre
Tarjetas de crédito: ninguna
Especialidades: sillas de mimbre
Precios: silla de boga, 3.000 Pta.; taburete, 2.500 Pta.; mecedora, 17.000 Pta.

Ordenados patas arriba, en hileras, colgados de la pared, unos encima de otros, a lo largo de toda la tienda, así se encuentran las decenas de sillas, taburetes y balancines de todos los tamaños e innumerables modelos de la casa, todos realizados con mimbre y madera de pino. Una peculiar decoración, sin duda, que hace de esta tienda de la plaza Sant Josep Oriol una de las más especiales de la zona, lo que tiene un gran mérito, puesto que en este punto se concentra el mayor número de tiendas curiosas de Barcelona. De hecho, como si fuera una reliquia más de la ciudad, atrae al turista que, ni corto ni perezoso, desenfunda la cámara para inmortalizarla ante la expresión resignada de su dependienta. “Si cobrara por cada fotografía que hacen a la tienda, sería un muy buen negocio”, comenta risueña la señora Masalleras, hermana del actual propietario. Desde hace unos meses ella es la encargada de abrir cada mañana, debido a la avanzada edad de su hermano. “Abro la tienda para hacerlo feliz. Cuando él no esté cerraremos. No es negocio, la mantenemos por romanticismo”, dice.

Éstos son, pues, los últimos días de un negocio centenario que conoció tiempos mejores, con taller de carpintería incluido. Mientras agota sus últimos días, es paso obligado para el turista curioso –no se olviden la cámara fotográfica– y para quien desee una silla u otro mueble para descansar las posaderas. Eso sí, con asiento y respaldo de mimbre. La mayoría del material en almacén, cada día más menguado, está fabricado en Mallorca y Valencia. Quedan, sin embargo, unas cuantas piezas realizadas en su taller, algunas de ellas auténticas rarezas.

A DESTACAR

- Sillas de mimbre
- Taburetes de mimbre
- Mecedoras de mimbre

CASA BEETHOVEN

La Rambla, 97
Plano: pp.10-11 50
Tel.: 301 48 26
Zona: El Raval, Ciutat Vella
Metro: Liceu, Catalunya, y también en Ferrocarrils de Catalunya
Autobuses: 14, 18, 38, 59
Horario: 9.00-13.30 y 16.00-20.00
Cierra: una semana agosto
Tarjetas de crédito: todas, excepto AE y 4B
Especialidades: partituras y libros escolares de música
Precios: partitura de *Para Elisa* de Beethoven, 250 Pta.; libro de método para el timple canario, 700 Pta.; partitura de la *Quinta sinfonía* de Mahler, 2.000 Pta.

Hace ya algunos años, un joven solicitó hablar con quien suponía el propietario del negocio: ni más ni menos menos que el señor Beethoven. El dependiente, creyendo que bromeaba, le indicó que Don Ludwig había salido un momento a tomarse un café con su amigo, Amadeo Mozart. Lejos de captar el sentido irónico del comentario, el jovenzuelo, ni corto ni perezoso, le replicó que no tenía prisa, por lo que podía esperarlo hasta su vuelta.

El chico no era, desde luego, uno de los estudiantes del conservatorio. Ellos conforman el grueso de la clientela juvenil de este pequeño negocio, emplazado desde 1886 al costado del palacio de la Virreina. Una casa que también frecuentan figuras destacadas como Montserrat Caballé o Joan Manel Serrat, habituales de un establecimiento que hace unos años fue distinguido por el Ayuntamiento de Barcelona como negocio *guapo para siempre*. Una calificación merecida, a tenor del respeto con que los descendientes del músico Lluís Maria Jordà han mantenido el escaparate y la decoración original en madera.

Las partituras están archivadas y protegidas por coquetas carpetas-ficheros de color granate, que están ubicadas al otro lado del mostrador, por lo que sólo los empleados tienen acceso directo a las mismas. Lo que sí pueden hojear los clientes son las muchas publicaciones didácticas o –la demanda es la demanda– los libros donde se recogen los temas de los álbumes de grupos de salsa, pop o incluso *heavy-metal*. Otro producto a la venta son hojas de papel pautado para las composiciones.

A DESTACAR

- Partituras musicales
- Libros de enseñanza musical
- Libros de canciones de grupos pop

CASA PARRAMÓN

Carme, 8 principal
Tel.: 317 61 36
Plano: pp.10-11 ❹❷
Zona: El Raval, Ciutat Vella
Metro: Liceu, Catalunya, y también en Ferrocarrils de Catalunya
Autobuses: 14, 18, 38, 59
Horario: lunes-viernes 9.00-13.30 y 16.00-19.30; sábado 9.00-13.00
Cierra: agosto y Semana Santa
Tarjetas de crédito: todas, excepto 4B
Especialidades: instrumentos de cuerda
Precios: violín de iniciación, 13.500 Pta.; guitarra de concierto, desde 60.000 Pta.

Los violines, las violas y chelos parecen estar esperando dentro de las vitrinas. Son como seres animados en reposo, dispuestos a sonar bajo los dedos de la clientela. Unos habituales que, ya sean músicos profesionales o sólo aprendices de virtuosos, siempre acuden con actitud solemne, casi reverencial, a este establecimiento de la calle del Carme.

Porque lo cierto es que en Casa Parramón todo tiene un halo especial: desde los viejos mostradores de madera a la actitud, entre grave y cómplice, de los dependientes. Pero la verdadera magia está en los instrumentos de concierto fabricados en la casa, cuyas tapas son de una variedad especial de abeto; mientras que el fondo y los aros, así como los mástiles, están realizados con madera de arce. Por el contrario, los instrumentos folclóricos, como balalaikas o timples canarios, son de importación.

El buen sonido de las guitarras o chelos de Parramón viene avalado por un historial repleto de clientes memorables, caso de Pau Casals o Jordi Savall. Menos conocidos, pero igualmente considerados, son los estudiosos que solicitan reproducciones de instrumentos antiguos, a veces rescatados del olvido mediante la única ayuda de algún grabado o dibujo de época. En Casa Parramón también se hacen reparaciones. Hay que tener, eso sí, un poco de cuidado: un cliente, tras recoger su violín reparado, tuvo que devolverlo inmediatamente a los talleres, por culpa de un traspiés en los escalones que separan este negocio de la calle.

A DESTACAR

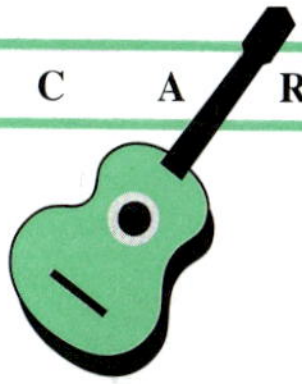

- Instrumentos de cuerda y arco
- Guitarras de concierto
- Instrumentos folclóricos de cuerda

CASTELLÓ CLASSICA

Tallers, 3 bajos
Plano: pp.10-11 46
Tel.: 318 20 41
Zona: El Raval, Ciutat Vella
Metro: Catalunya, y también en Ferrocarrils de Catalunya, Universitat
Autobuses: 14, 18 , 34 38, 41, 55, 59, 91, 141
Horario: 10.00-14.00 y 16.30-20.30
Cierra: diez días agosto
Tarjetas de crédito: todas, excepto AE y 4B
Especialidades: música clásica
Precios: disco compacto *Adaggio* de Karajan (Deustche Gramophon), 2.340 Pta.; disco láser de conciertos para piano de Brahms (Teldec), 6.750 Pta.

Mucho ha cambiado el mundo de la música desde que Castelló abrió las puertas de su primer negocio, hace ya 50 años. No sólo las dimensiones de la empresa, que hoy incluye varias tiendas en la calle Tallers; sobre todo ha variado el muestrario de la oferta, progresivamente orientada a satisfacer la creciente especialización del comprador. Fruto de esta tendencia es la tienda dedicada en exclusiva a la música clásica desde el año 1985. No importa que sea sinfónica, ópera (lo más solicitado) o música de cámara. Todo vale, siempre que esté compuesta e interpretada con partitura.

El signo de los tiempos también implica estar en consonancia con los avances de la tecnología. Buena prueba es que de unas 30.000 unidades de material sonoro en almacén no se incluye ni un solo disco de vinilo. Todo el *stock* se encuentra en formato de disco compacto, a excepción de unas 2.500 casetes, pensados para cubrir la demanda de música para escuchar en el coche. De igual manera, y aunque se cuenta con cintas de vídeo de conciertos, la verdadera apuesta fuerte al material audiovisual son los conciertos y óperas en formato *láser disc*.

Si bien por fechas señaladas como las navidades aumenta la demanda de *grandes éxitos*, a Castelló Classica acuden, principalmente, personas interesadas en grabaciones muy concretas, elegidas en función de los intérpretes y los sellos discográficos, no sólo de las obras. Entre el público, la mayoría masculino y de mediana edad, no faltan los *liceístas*, que tienden a adquirir las óperas que se han representado en esa institución catalana.

A DESTACAR

- Compactos de música clásica
- Vídeos y discos láser de conciertos
- Revistas y bibliografía especializada

ETNOMUSIC

Pintor Fortuny, 33
Plano: pp.10-11 61
Tel.: 301 18 84
Zona: El Raval, Ciutat Vella
Metro: Catalunya, y también en Ferrocarrils de Catalunya, Liceu
Autobuses: 14, 18, 38, 59
Horario: 11.00-14.00 y 17.00-20.30
Cierra: lunes y 15 días agosto
Tarjetas de crédito: ninguna
Especialidades: música étnica
Precios: revista *El Manisero*, 500 Pta.; *palo de lluvia (*instrumento), 2.000 Pta.; compacto de Radio Tarifa *Rumba Argelina*, 2.600 Pta.

Precariedad simpática y hallazgos dignos de mención. Éstas son las características fundamentales de Etnomusic, un establecimiento en pleno barrio de El Raval, acondicionado con tres duros y mejor voluntad que pericia en el bricolaje. Es decir, con ese saborcillo entre *hippy* y alternativo, afín a los clasificadores en cartulina y a la decoración con muchos carteles antirracistas y ecologistas.

Pero lo importante no es el continente, sino el contenido. Y en esto Etnomusic anda bien holgada de recursos: entre sus archivadores y mesas plegables se reparte un buen catálogo de música procedente de todos los puntos del planeta. Solamente del continente americano disponen de un repertorio que contempla, entre otros estilos, tango, *reggae*, *soul*, merengue, salsa, samba, ballenato, cumbia, *country*, zideco, cajún, o música nativa americana. No menos impresionante es el listado de autores africanos –tanto de raza negra como del mundo árabe–, asiáticos y europeos de melodías y ritmos menos estandarizados –celtas, escandinavos–, así como de aborígenes de Oceanía. Lo que más se solicita, no obstante, son las copias disponibles de flamenco, género que suscita mucho interés entre los turistas jóvenes de paso por Barcelona.

Unas cuantas preguntas a los dependientes darán fe de lo bien que conocen el material disponible en la tienda, así como las publicaciones localizables en España, por lo que se puede confiar en su consejo. Además tienen el detalle de indicar qué es exactamente lo que suena en cada momento por los altavoces. Para ello utilizan un atril donde colocan la correspondiente carátula del compacto.

A DESTACAR

- Compactos de música étnica
- Revistas de música alternativa
- Instrumentos exóticos

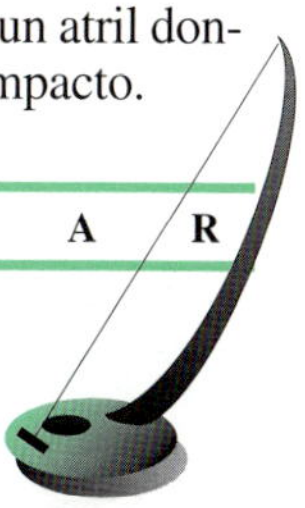

NIHIL OBSTANT

Tallers, 78
Plano: pp.8-9 23
Tel.: 301 09 41
Zona: El Raval, Ciutat Vella
Metro: Universitat
Autobuses: 9, 24, 41, 55, 56, 59, 64, 141,
Horario: 10.30-14.00 y 16.30-20.30
Cierra: lunes mañanas
Tarjetas de crédito: todas, excepto 4B
Especialidades: música terapéutica, nueva era y étnica
Precios: revista *Voice*, 550 Pta.; compacto música de olas, 2.650 Pta.; caleidoscopio estelar, 4.450 Pta.

Aquí se flota en una nube de sonidos acolchados y decoración en tonos pastel. Y tranquilidad, mucha tranquilidad. Porque lo que Nihil Obstant vende es, a fin de cuentas, música –terapéutica, *nueva era* o étnica– y sonidos sedantes que relajan al oyente. Una apuesta sin duda arriesgada y un poco chocante, al menos en contraste con la oferta de las tiendas vecinas en la misma calle Tallers, la mayoría dedicadas al rock duro.

Nihil Obstant, que en latín, más o menos, significa sin que ningún obstáculo lo impida, lleva abierta al público desde octubre de 1995. Todo su muestrario musical, siempre en compactos, se puede abarcar de un rápido vistazo gracias a un sencillo pero ingenioso sistema de paneles. En realidad, no se expone el género, sino su referencia, esto es, fotocopias en color de las carátulas de los compactos. Una vez realizada la elección sobre el papel, el cliente puede solicitar una audición previa, para lo que se cuenta con varios cascos y confortables sillones en los que dan ganas de echarse una siestecita. Si el oyente queda convencido, al instante se busca un ejemplar en el almacén de la trastienda.

Además de publicaciones y objetos relacionados con todo aquello que, según los seguidores de esta corriente, ayude a armonizar al hombre con el universo, en Nihil Obstant se cuenta con aproximadamente un millar de títulos disponibles, casi todos importados. Una cifra respetable, reforzada por la posibilidad de las compras por encargo. Da igual que se trate de música de Escandinavia, o, como pudiera solicitar un atildado cliente: "ese álbum dedicado en exclusiva a los latidos del corazón".

A DESTACAR

- Compactos de música terapéutica
- Publicaciones musicales alternativas
- Juguetes astronómicos

XAVIER VIDAL I ROCA, LUTHIER

Elisabets, 4
Plano: pp.10-11 55
Tel.: 317 94 57
Zona: El Raval, Ciutat Vella
Metro: Catalunya, y también en Ferrocarrils de Catalunya
Autobuses: 14, 18, 34, 38, 41, 55, 59, 91, 141
Horario: 9.00-13.30 y 16.00-19.00
Cierra: agosto
Tarjetas de crédito: todas, excepto AE
Especialidad: venta y reparación de instrumentos de cuerda y arco
Precios: juego de cuerdas de violín Pirastro, 4.211 Pta.; violín de estudio Kreutser, 31.420 Pta.; violoncelo Klier 508, 806.000 Pta..

El negocio de este joven *luthier*, ubicado en el piso principal de una casa antigua, tiene un no se qué solemne. Probablemente este aura artístico se deba a los expositores de la habitación principal, en madera con apariencia noble. O a que frecuentemente, y desde una salita pensada a tal efecto, se escucha cómo los clientes prueban instrumentos, ya sean nuevos o recién reparados.

La apuesta de Xavier Vidal incluye la oferta de instrumentos nuevos a precios razonables y un amplio servicio de posventa. Esta atención al cliente contempla los ajustes periódicos y, sobre todo, las reparaciones, tanto de los instrumentos como de los arcos. Estos últimos son la labor específica de un *luthier* de Marsella que se establece en Barcelona, casi religiosamente, una semana de cada mes. Los músicos incipientes son otra especialidad de la casa, por lo que cuentan con violines, violas y chelos de diferentes medidas, una para cada estirón del chaval, a partir de los tres años.

Casi huelga decir que esta casa, situada muy cerca de La Rambla, surte a los estudiantes de los conservatorios y escuelas municipales de toda la provincia de Barcelona. También cuentan con instrumental de la categoría que precisan los músicos profesionales quienes, según indica Xavier Vidal, “tienen todo el derecho del mundo a ser muy exigentes, ya que su arte depende completamente de aquello que consigan expresar con su herramienta de trabajo”.

A DESTACAR

- Violines
- Violas
- Violonchelos
- Accesorios

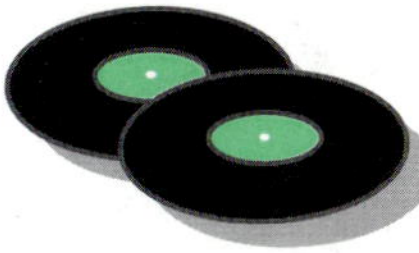

ATLÁNTICA DARO, S.A.

Avila, 124
Plano: pp.8-9 27
Tel.: 300 28 32
Zona: Glòries
Metro: Glòries
Autobuses: 6, 40, 42, 141, B21, B25

Horario: lunes-viernes 8.30-13.00 y 15.30-19.30
Cierra: segunda quincena agosto
Tarjetas de crédito: V
Especialidades: banderas
Precios: bandera de 20x30 cm, desde 300 Pta.; bandera de 1,5x1m, desde 1.000 Pta.

Cualquier tipo de bandera se puede encontrar o encargar en la Atlántica Daro, establecimiento con sede en una de las naves del Pueblo Nuevo, muy cerca del mar. Este negocio, que ha ido pasando de padres a hijos, empezó en 1913 concentrándose en la fabricación de velas para barcos y, muy ocasionalmente, en la confección de banderas, principalmente marítimas. A lo largo del siglo, los empresarios de la Atlántica Daro tuvieron que ir adaptándose a los cambios sociales; según la navegación con embarcaciones de vela iba quedando relegada a un sector muy concreto, crecía la necesidad de fijar estandartes.

Todavía siguen produciendo banderas exclusivamente para barcos, como las lujosas banderas de combate, bordadas por ambos lados; o las cuarenta banderas, ya emblemáticas, que forman parte del código internacional de navegación. Aun así, el género con más demanda es aquel que exhibe los colores e insignias de distintos pueblos. La escala de tamaños es tan extensa como las divisas patrióticas, con un surtido que va desde una banderilla de despacho hasta una gigantesca enseña, mástil incluido.

Toda empresa, institución o persona puede encontrar aquí la manera de representar su producto, su emblema o sus ideales. La Atlántica Daro diseña banderas a medida, adaptando logos y preferencias cromáticas. Además, también hace bandas para *misses* y para reinas; así como pendones bordados en raso con hilos de oro y de seda, casi siempre de carácter religioso.

A DESTACAR

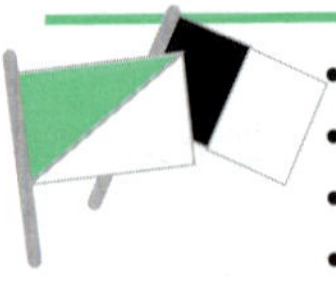

- Banderas de todos los lugares
- Banderas bordadas
- Pendones religiosos
- Bandas

COFER

Arnau d'Oms, 57
Plano: pp.8-9 ⓲
Tel.: 340 91 94
Zona: Virrei Amat, Nou Barris
Metro: Virrei Amat
Autobuses: 11, 12, 34, 71
Horario: 9.00-13.00 y 16.30-20.00
Cierra: ningún día
Tarjetas de crédito: ninguna
Especialidades: pesca deportiva
Precios: caja de lombrices vivas, 350 Pta.; paquete de anzuelos de 10 unidades, 200 Pta.; caña de pescar de tres piezas, 12.000 Pta.

Lorenzo Fernández, el dueño de la tienda, muestra una foto donde se le ve sujetando un pez espada por la nariz. "A éste y a los atunes de aquí abajo los pesqué yo", comenta orgulloso. El propietario es, por tanto, un verdero aficionado, según él un requisito casi indispensable para llevar un negocio de estas características.

La mayoría de los artículos que Cofer tiene a la venta están destinados a la pesca marítima, pues no en balde Barcelona es una ciudad costera. Esto justifica que entre los cebos vivos, Cofer ofrezca ocho o diez tipos de gusanos destinados a la pesca salada, pero sólo cinco a la de río. Para el dueño, éste es el artículo más importante. A pesar de que aquí se pueden adquirir anzuelos, carretes de hilo, plomos, cestas, botas de goma, etcétera, Lázaro Fernández asegura que "si no tienes gusanos, no vendes".

El intríngulis de la cuestión se desvela cuando el experto comenta que para pescar en el mar es indispensable que el cebo esté *vivito y coleando*. No obstante, el señor Fernández pone a disposición de su clientela, básicamente masculina, un gran surtido de cucharillas y cebos artificiales: lombrices, mosquitos, moscas, larvas, pececitos de goma, *blat bas*, etcétera, todos ellos destinados, evidentemente, a peces de agua dulce, como las rapalas, o también cebos hechos de madera, que sirven para atrapar lubinas.

Cofer, además, dispone de un gran surtido de cañas. Básicamente, de dos tipos: la telescópica, que se recoge, y la de tres piezas, que se desmonta. Entre el muestrario llama la atención la especial para *hacer el curri*, como los aficionados llaman a la pesca en barca.

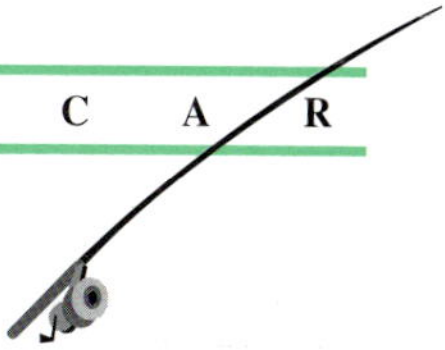

A DESTACAR

- Cebos vivos
- Cucharillas y cebos artificiales
- Cañas de pescar
- Material de recambio para pesca deportiva

MODELOS NAVALES RIERA

Moll de Sant Bertran, puesto 3
Plano: pp.12-13 118
Tel.: 443 06 73
Zona: Port de Barcelona, Sants-Montjuïc
Metro: Drassanes, Paral·lel
Autobuses: 38
Horario: 9.00-14.00 y 16.00-18.00 (visitas concertadas)
Cierra: agosto
Tarjetas de crédito: ninguna
Especialidades: maquetas de barcos y objetos náuticos
Precios: maqueta de barco mercante a escala de 1:300 a 1:600, desde 50.000 Pta. (serie de 50 o 100 modelos); reproducción única de un yate, 1.500.000 Pta.; maqueta de un vapor de principios de siglo de 4 m, 15.000.000 Pta.

Si uno se gasta cientos de millones en un yate, por qué no invertir un millón y medio más en una reproducción que decore el despacho o la salita de estar. Es reconfortante, aun en tierra firme, sentir tan próxima la belleza del juguete predilecto; pero ¡que nadie se alarme!, no todos los clientes de Modelos Navales Riera responden a este perfil. En realidad, según Josep Maria Riera y su padre, en los 35 años del negocio sólo han hecho unas quince reproducciones de ese tipo.

Normalmente, la empresa se dedica a la fabricación a escala de barcos mercantes contemporáneos, siempre por encargo. Los compradores suelen ser astilleros que necesitan maquetas de sus productos para presentarlos a su público.

Poco después de haberse iniciado en las maquetas, Riera padre abrió el capítulo de la recuperación náutica. Parece ser que hace 25 años era bastante fácil conseguir toda clase de objetos, sobre todo de cobre y latón, en los distintos puntos de desguace que había en España. Ahora ya no es así. Las embarcaciones sólo se despiezan en Oriente, principalmente en Paquistán y en la India. Esto ha hecho que aumente el valor de los timones, lámparas, portillos, ojos de buey, ventanas, etcétera, que Modelos Navales posee. Y, por eso mismo, el planteamiento comercial ha cambiado: prefieren alquilar que vender, ya sea para ambientar una película o para montar decorados en unos grandes almacenes que pretenden promocionar bañadores o trajes de marinerito.

A DESTACAR

- Maquetas a escala de barcos
- Maquetas de yates
- Venta y alquiler de objetos náuticos recuperados

NICOLÁS ZAPATA S.A.

Escar del Port, 14-16
Plano: pp.12-13 (120)
Tel.: 221 64 07
Zona: Barceloneta, Ciutat Vella
Metro: Barceloneta
Autobuses: 17, 39, 57, 64
Horario: 8.00-13.00 y 15.00-19.00
Cierra: ningún día

Tarjetas de crédito: ninguna
Especialidades: construcción y reparación de barcos modernos y de época; motonería
Precios: pareja de remos guión cuadrado en madera, de 6.000 a 25.000 Pta.; barco de pesca profesional de plástico (9 metros), 3 millones de Pta.

No hace mucho entregaron en Italia una reproducción de una goleta antigua de 30 metros, con dos mástiles. ¿Quién puede encargar algo así? "Un enamorado del mar, eso seguro", explica Jaume Zamora, uno de los socios de Nicolás Zapata, S.A. Además de construir y reparar yates, barcos pesqueros y cualquier otro navío, esta firma fabrica artesanalmente embarcaciones de época. No muy lejos del local hay un buen ejemplo de ello: la tienda del Aquàrium de Barcelona está decorada con un barco antiguo de Nicolás Zapata, S.A. También es obra suya, en colaboración con otra empresa, el submarino *Intinio* que participó en la película *Monturiol, el señor del mar*; que ahora se puede admirar en el Port Vell, cerca del cine Imax. Otras muestras de su producción exigen la visita al Museu Marítim de Barcelona o al parque temático tarraconense Port Aventura.

Seguir la pista de los barcos modernos ya es más difícil. Suelen ser encargos de empresas pesqueras o particulares, que se ejecutan en madera o materiales plásticos. Por supuesto, Nicolás Zapata no tiene barcos en *stock*: "Este no es un producto fácil de almacenar y no puedes esperar venderlo cualquier día", comenta el señor Zamora. Todo se hace por encargo. "El cliente trae una idea de lo que quiere, nosotros orientamos y proponemos. Sólo cuando se tiene claro cuál va a ser el producto final, se hace el proyecto –es decir, los planos–, porque tampoco es barato". Además Nicolás Zapata, S.A. provee a sus clientes de artículos de motonería: cuadernales, poleas, garruchas; y también de remos, mástiles, etcétera. Todo lo necesario para los émulos del capitán Cook.

A DESTACAR

- Construcción de barcos de época
- Venta de motonería
- Reparación de embarcaciones

INCAS

Boqueria, 21
Plano: pp.10-11 90
Tel.: 301 97 34
Zona: Barri Gòtic, Ciutat Vella
Metro: Liceu, Jaume I
Autobuses: 14, 17, 18, 19, 38, 40, 45, 59.
Horario: 10.00-14.00 y 16.00-20.00
Cierra: ningún día
Tarjetas de crédito: todas
Especialidades: artesanía de pueblos indígenas americanos
Precios: pulsera de cuentas de colores, 700 Pta.; flauta peruana pequeña, 1.700 Pta.; camisas guatemaltecas, 5.500 Pta.

Al principio, los dueños, unos artesanos del Ecuador, sólo vendían objetos típicos de su país; pero la oferta se fue ampliando a todo el territorio inca: partes de Perú, Bolivia y Chile. Ahora, y con el *boom* de lo nativo americano, la procedencia de los artículos de esta tienda abarca todas o casi todas las Américas. Tanto la real como la imaginaria.

Casi sin darse cuenta, estos propietarios se han visto obligados a abrir un nuevo establecimiento al otro lado del barrio Gótico. Es la consecuencia lógica tras quince años de reciclaje continuo.

A medida que Incas ha ido creciendo, se ha hecho más difícil destacar un objeto de *arte-sano* –así definen el género– de entre la variedad expuesta en los dos establecimientos. Y es que aquí se pueden adquirir confecciones en tejidos naturales, objetos de decoración, bisutería; también música, *souvenirs* y mucha iconografía mas bien peliculera. Abundan pues los Toro Sentado y Gerónimos, más próximos a Andy Warhol que a las verdes praderas.

Los vendedores nativos, alguno que otro estrictamente vocacional, con trenzas color azabache, conducen al público a través del continente americano. El vehículo de transporte son las corbateras de plata y turquesa de los indios navajos; el calendario azteca; el vidrio reciclado de Guatemala; los jerséis ecuatorianos; el *tumiz* peruano; los bombines bolivianos y la cerámica chilena, entre otras cosas. Es, pues, cuestión de creérselo: a uno le entra la tentación de buscar un imposible *made in Singapur* en la esquina menos visible de cada objeto.

A DESTACAR

- Cerámica y artesanía
- Vestimenta en tejidos naturales
- Joyería y bisutería artesana

ÍNDIGO

Avda. Diagonal, 430-432
Plano: pp.8-9 ⓫
Tel.: 416 19 80.
Zona: Eixample Dreta
Metro: Diagonal, Verdaguer; Provença en Ferrocarrils de Catalunya
Autobuses: 6, 7, 15, 16, 17, 22, 24, 28, 33, 34
Horario: lunes-viernes 10.00-14.00 y 16.30-20.00; sábado 10.30-14.00
Cierra: 15-30 agosto
Tarjetas de crédito: todas, excepto DC
Especialidades: artesanía, vestidos y complementos orientales
Precios: cajita de madera, 500 Pta.; *sari* de algodón desde 2.950 Pta.

Los expositores de Índigo pretenden, y consiguen, mantener la espectación de su clientela. Para ello son remodelados varias veces al año. A veces simplemente les basta con destacar algunos objetos privilegiados, botones de muestra de lo mucho que aguarda en el interior. Huelga decirlo, la mayoría de la mercancía procede de la India; aunque también de China, Corea, Indonesia, Pakistán, Afganistán o Turquía.

En cierta ocasión, la avanzadilla de la tienda se convirtió en una muestra del *wayang-kulit* (teatro de sombras) de Java, realizadas en pieles de búfalos. Una extensa nota al pie del escaparate explicaba a los curiosos el origen y función de estas siluetas troqueladas de aspecto pérfido. Y es que la familia Andreu, perteneciente a una estirpe de infatigables viajeros, no sólo hace pública la artesanía de lugares exóticos, sino que además se preocupa de documentarla.

La ropa de vestir y del hogar ocupa un puesto importante en Índigo, normalmente manufacturada con algodón en la India, e impresa con tampones de madera, que también están a la venta. Sin embargo, lo más llamativo de este comercio son sus muebles y antigüedades. El mobiliario cuenta con piezas coreanas y chinas realizadas en madera, bastante caras y voluminosas. También hay muebles de papel-*maché*, elaborados por estudiantes de Bellas Artes de Delhi, que siguen una línea más contemporánea. Entre las antigüedades destaca una puerta india de más de cuatrocientos años, con un precio de cuatro millones de pesetas, que se admira como si fuera una pieza de museo.

A DESTACAR

- Muebles y biombos de Corea y China
- Ropa de la India para vestir y para el hogar
- Antigüedades orientales

JEANNE WEIS

Raurich, 8
Plano: pp.10-11 (87)
Tel.: 301 04 12
Zona: Barri Gòtic, Ciutat Vella
Metro: Liceu, Jaume I
Autobuses: 14, 17, 18, 19, 38, 40, 45, 59
Horario: 11.00-13.30 y 17.00-20.00
Cierra: ningún día
Tarjetas de crédito: todas, excepto AM
Especialidades: tejidos africanos
Precios: tela de algodón, desde 2.000 Pta.; *bogolán* de Mali (1,10 x1,90 metros), 15.000 Pta.; tela de ceremonia de los jefes ashanti (Ghana y Togo), 100.000 Pta.

Jeanne Weis es, en realidad, el nombre de una mujer belga, propietaria de la tienda de tejidos africanos. Un negocio ubicado en un acogedor y pequeño espacio de la calle Raurich, desde el que pretende ofrecer una visión de África a través de sus telas. Porque según esta propietaria, ya es hora de abandonar el tópico de las tallas y las máscaras de madera de cala y ébano. "El arte textil, aparte de tener una riqueza increíble, es una imagen actual y muy real del continente africano, muy pocas veces valorada", dice.

Una fiesta de colores cubre las paredes del establecimiento. Cuando se ha terminado de admirar las vistosas telas de algodón, que se venden por metros, sienta mal descubrir que están fabricadas en Holanda. "Es una cuestión de calidad", argumenta la dueña. Eso sí, todas ellas representan con fidelidad el cromatismo y los diseños que caracterizan las telas estampadas africanas. Pero Jeanne Weis, una mujer comprometida, compensa a la clientela con exquisitos tejidos hechos a mano según las técnicas propias de las distintas etnias africanas. Incluso posee alguna capa ceremonial usada por un jefe ashanti, en Ghana o Togo, hace unos cincuenta años.

Además, esta belga ofrece a su público camisas, chalecos, cojines, bolsas, gorros, bikinis, etcétera, diseñados por ella misma y confeccionados con este precioso material. Según la propietaria, este género encanta a la gente, aunque muchos aún no se atreven a comprarlo: "Les da miedo lo desconocido".

A DESTACAR

- Telas estampadas de algodón
- Tejidos hechos a mano
- Confección con telas africanas
- Juegos *awélé*
- Bisutería de madera y asta de buey

MABANA

Villarroel, 72
Plano: pp.8-9 ㉑
Tel.: 453 09 34
Zona: Eixample Esquerra
Metro: Urgell, Universitat
Autobuses: 9, 14, 20, 50, 54, 56, 58, 59, 64, 66
Horario: 11.00-14.00 y 16.30-20.30
Cierra: primera quincena agosto
Tarjetas de crédito: todas
Especialidades: arte africano
Precios: abrecartas de ébano de Tanzania, 3.000 Pta.; cuadro de técnica mixta, desde 15.000 Pta.; talla de Nigeria occidental, 75.000 Pta.

Esta pequeña tienda, donde se venden pinturas y objetos etnográficos del África negra, surgió como medio de sustento del Centro Cultural Africano Mabana, que dirige el polifacético pintor Ghuty Mamae. El Centro fue creado hace dieciocho años con la intención de difundir la cultura africana y diferenciarse del tipo de actividades que organizan muchas ONG's ya que, según el señor Mamae, "éstas no transmiten para nada la realidad cultural que se vive en África".

En Mabana se realizan conferencias, proyecciones, charlas y exposiciones de arte; pero también se enseñan lenguas africanas, así como percusión y el arte de las tallas. Como ejemplo están las evocativas figuras y máscaras de ébano y madera de cala que, junto a la bisutería trabajada en plata, componen el surtido de la tienda. Este género procede básicamente de lugares como Kenya, Tanzania, Zaire, Costa de Marfil, Mali, Nigeria o Camerún.

También es importante la exhibición y venta de cuadros, la mayoría obra de Guthy Mamae. Por supuesto, todos ellos hacen referencia a modelos pictóricos africanos. Sus precios, siempre definidos por el tamaño de la pieza, oscilan entre las 15.000 y la 850.000 pesetas.

Mabana queda complementada por un diminuto espacio en la calle Hospital, 107 bis, donde únicamente se vende música africana. El admirable surtido de cintas y discos compactos incluye intérpretes que Barcelona ha conocido en directo, como Youssu N'Dour o Manu Divango. También se pueden hallar títulos curiosos al estilo del *Traditional Mbira Musicians and Kevin Volans Ensemble,* de Zimbawe.

A DESTACA

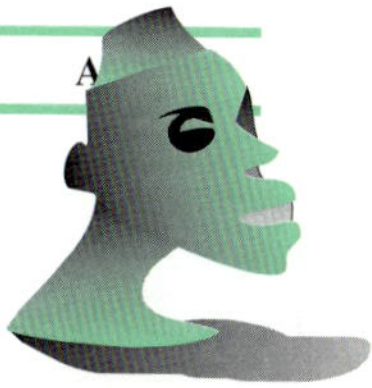

- Tallas africanas
- Pintura
- Música africana

2 BIS

Bisbe Irurita, 2 bis
Plano: pp.10-11 (79)
Tel.: 315 09 54
Zona: Barri Gòtic, Ciutat Vella
Metro: Jaume I
Autobuses: 17, 19, 40, 45
Horario: 10.00-14.00 y 16.30-20.30
Cierra: ningún día

Tarjetas de crédito: todas
Especialidades: arte popular en cartón-piedra
Precios: fantasma pequeño de cartón-piedra, 675 Pta.; capitán Haddock tamaño natural, 105.000 Pta.; sol 50 centímetros de diámetro, 9.975 Pta.

2 Bis ofrece un amplio surtido en figuras de cartón-piedra, aunque antes mandaba más el clásico papel-*maché*. En los dos pisos de la tienda personajes como Tintín, Einstein o el Hombre Invisible –en este caso perfectamente visible, desde luego– se reproducen en distintas medidas y posiciones. Son piezas que aguantan con impasiblilidad admirable las miradas de los compradores y curiosos que aquí abundan.

Este establecimiento nació hace ocho años con la pretensión de ser una alternativa a los tenderetes de *souvenirs* y a las típicas tiendas de objetos de regalo. Se optó por llenar el local de arte popular, casi siempre plasmado en cartón-piedra y producido por autores locales.

En opinión de la encargada, Núria Llopart, pocos saben apreciar la dificultad técnica de estos trabajos; por lo que mucha gente cree que los precios son excesivos. Más de uno, al levantar una figura ha exclamado: "¿Cómo puede costar tanto si sólo es cartón?".

Pero, además de valiosísimo cartón, 2 Bis dispone de otro género. La artesanía se extiende a lámparas modelo *tiffany*, lámparas con pantalla de seda pintada a mano, o lámparas de gres en forma de caracol. Incluso hay bisutería en plata y cerámica. Pero resalta especialmente la reproducción del cobre catalán, que incluye objetos como los casi olvidados mundillos, calientapiés o braseros. Del mismo modo, 2 Bis recupera y pone a la venta muebles viejos típicos del campo catalán. Algunos baúles, mesas tocineras o alacenas son simples reproducciones, ya que, por lo visto, cada vez es más difícil hacerse con originales.

A DESTACAR

- Figuras de cartón-piedra
- Muebles y utensilios viejos o reproducciones
- Bisutería artesana
- Objetos artesanos de decoración y para el hogar

PAPERONA

Plaça Sant Josep Oriol, 8
Plano: pp.10-11 (70)
Tel.: 317 15 72
Zona: Barri Gòtic, Ciutat Vella
Metro: Liceu, Jaume I
Autobuses: 14, 17, 18, 38, 40, 45, 59
Horario: 10.00-14.00 y 16.30-20.30
Cierra: ningún día
Tarjetas de crédito: todas
Especialidades: trabajos artesanales en cartón-piedra y papel-*maché*
Precios: pingüino, 690 Pta.; oveja lectora, 5.300 Pta.; mayordomo de Tintín, escala humana, 94.000 Pta.

Un mayordomo de Tintín a escala natural, un Lucky Luke todavía más rápido que su propia sombra, unas ovejas que leen *El País* desde un anaquel con libros... Paperona, más que una tienda, parece una revista de cómics tridimensional. Y es que la apuesta fuerte de este negocio del barrio Gótico es, además de los trabajos inspirados en personajes de historietas, las figuras decorativas de regusto mediterráneo, decoradas con vivos colores.

La tienda, emplazada en una antigua construcción de la muy comercial plaza de Sant Josep Oriol, tiene un escaparate que atrae como un imán a los turistas más jóvenes. No es para menos. Lo simpático y la calidad de estos trabajos artesanales, de tradición catalana adaptada a los tiempos que corren, son una auténtica tentación, un capricho con el que adornar la casa o quedar de maravilla regalándoselo a cualquier amigo. No faltó quien, como recuerda su encargado "pretendiera llevarse puestos los zapatos de papel". Otros clientes, como la actriz Ángela Molina, han conseguido que una de las vacas de cartón-piedra entre en el estrellato: convenció a la productora de una película para que la utilizaran como atrezo.

La variedad de la oferta se corresponde con los precios, de manera que siempre hay opciones para cada bolsillo. Todas las piezas tienen en común el estar realizadas con material reciclado y pinturas no tóxicas. Además de la oferta existente, se aceptan trabajos de encargo, aunque sus precios son bastante más elevados, ya que implican la creación de un molde específico, exclusividad que conlleva un salto cualitativo: el paso de la artesanía a lo que puede considerarse obra artística.

A DESTACAR

- Móviles en papel-*maché*
- Esculturas de héroes de cómics en cartón-piedra
- Pendientes

PAPIRUM

Baixada Llibreteria, 2
Plano: pp.10-11 95
Tel.: 310 52 42
Zona: Barri Gòtic, Ciutat Vella
Metro: Jaume I
Autobuses: 17, 19, 40, 45
Horario: 10.00-14.00 y 16.30-20.30
Cierra: agosto; sábado tardes y lunes mañanas

Tarjetas de crédito: todas, excepto 4B
Especialidades: papel decorado a mano y encuadernaciones artesanales.
Precios: libro en blanco, 2.000 Pta.; hoja de papel (50x70cm) estampada a mano, 900 Pta.; libro de firmas encuadernado en piel, 20.000 Pta.

Papirum reúne una envidiable colección de papeles decorados a mano. También una gran serie de estampados realizados mediante antiquísimos métodos artesanales. A ello hay que añadir la multitud de libros, la mayoría aún por escribir, encuadernados manualmente. Todo este material tiene, además, la coherencia propia de una selección controlada por Dolors Crespo, la dueña de este negocio abierto al público desde 1981.

En Papirum están muy orgullosas –aquí sólo hay mujeres– de esta especialidad donde todo es posible. Según afirma Dolors: "Hacemos encuadernaciones a medida, ya se trate de libros consolidados o en blanco". El cliente puede elegir entre un encuadernado de piel, tela o pergamino. El forrado en papel puede resolverse con material decorado a mano –papel de guarda–, jaspeado o marbreado; o utilizando papel de Vanese, reconocible por sus vivos colores e impreso con los mismos moldes que se utilizaban a principios del siglo XVIII.

A esta clase de papel, que cubre libros pero también se vende en hojas sueltas, se le añade el papel hecho a mano: el modelo florentino, importado directamente de Italia, o el papel pergamino, soporte clásico para el verso de novia de las bodas y otras ocasiones señaladas. Además, hay papel de cartas, con rúbrica o sin ella, ya sea cubierto de mil filigranas o en la expresión más simple. Redondean el surtido de Papirum los complementos para el arte epistolar y unas máscaras de papel-*maché* que cuelgan de las paredes. Una oferta, sin duda, que dejará exhaustos hasta a los más fervientes coleccionistas.

A DESTACAR

- Libros en blanco forrados con papel decorado y encuadernados en piel, papel o pergamino
- Artículos relacionados con la escritura
- Hojas sueltas de papel

BARRETERIA MIL

Fontanella, 20
Plano: pp.10-11 41
Tel.: 301 84 91
Zona: Barri Gòtic, Ciutat Vella
Metro: Urquinaona, Catalunya, y también en Ferrocarrils de Catalunya
Autobuses: 14, 22, 24, 41, 42, 47, 55, 58, 59, 141

Horario: 9.30-14.00 y 16.15-20.00
Cierra: ningún día
Tarjetas de crédito: todas
Especialidad: sombrerería y complementos
Precios: gorra tipo inglés, 1.700 Pta.; tocado de novia, 9.000 Pta.; sombrero vaquero Stetson, 15.800 Pta.

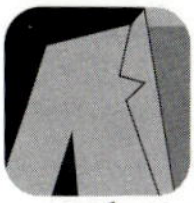

La Barreteria, o Sombrerería Mil es un comercio tradicional con encanto en pleno centro comercial de Barcelona, a la sombra de los grandes almacenes. Esta proximidad física le viene bien, ya que puebla a la calle Fontanella de un continuo ir y venir de compradores, más o menos compulsivos.

También hay, por supuesto, clientes de toda la vida. Siguen acudiendo caballeros que no renuncian a vestir sombreros en todas las estaciones del año; también mujeres jóvenes que perpetúan una tradición familiar: adquirir allí el tocado de novia, ya sea tipo flor o casquete. Según los encargados, también existe un cuarto tipo de cliente nada desdeñable: el cada día mayor número de viajeros que precisan, para sus destinos exóticos, sombreros con los que evitar climatologías extremas.

Acudir a esta casa abierta al público desde 1917 es, en sí mismo, un pequeño lujo, un acto de distinción propio en un negocio que se considera *guapo por siempre* a ojos del Ayuntamiento, con un historial de cuatro generaciones de vendedores. Otro aliciente añadido es saber que la casa cuenta con la referencia de clientes destacados, como lo fue en su momento la actriz Ingrid Bergman. Hoy los presentadores de televisión o los futbolistas acuden en busca de piezas que ya no se limitan al campo del atuendo de cabeza. Y es que en los últimos años la oferta se ha ampliado con complementos tales como pañuelos, corbatas, bolsos y bastones. Todos, eso sí, destinados a conjuntar con algunos de los sombreros de la casa.

A DESTACAR

- Sombreros
- Gorras
- Tocados de novia
- Complementos

BOTIGA TÈXTIL

Museu Tèxtil i d'Indumentària
Montcada, 12-14
Plano: pp.10-11 98
Tel.: 268 25 98
Zona: El Born, Ciutat Vella
Metro: Jaume I
Autobuses: 17, 19, 40, 45
Horario: 10.00-14.30 y 16.30-20.30
Cierra: ningún día
Tarjetas de crédito: todas
Especialidades: artículos relacionados con la rama textil y la indumentaria
Precios: vela en forma de cono de hilo, 540 Pta.; estampado con diseño de Mariscal, modelo Gats Grans, 3.750 Pta. por metro; recortables de Queen Holden, 2.290 Pta.

Un diseñador, Ramon Pujol Roca, y un cocinero, Pieter Van De Lint, ganaron por concurso la adjudicación de los locales que, en septiembre de 1993, se inauguraron como la Botiga Tèxtil y el Tèxtil Cafè. La cafetería, destacable por sus tés y cafés, así como por algunos de sus platos internacionales, abre un pasadizo hacia la tienda. En ella desembocan también las salas itinerantes del Museu Tèxtil i d'Indumentària. Esta cercanía física, dentro de una institución común, no implica que la Botiga Tèxtil se dedique a la venta de telas a la vieja usanza. Muy al contrario, en esta tienda se ven novedades y firmas elegantes de la moda. En sus aparadores –de *disseny*, faltaría más– se proponen creaciones propias como: dedales, piezas únicas que reproducen un *jacquard* del museo o velas en forma de cono de hilo, presentadas en distintos colores. También hay joyas con la firma de diseñadores clásicos, al estilo de Gemma Pichot, o más noveles, como Ricardo Domingo. En la Botiga Tèxtil también conviven prendas de vestir con complementos como los botones de importación, almacenados en tubos de plástico. Las revistas y bibliografía sobre el tema textil, la indumentaria y la moda redondean una *objetualia* pensada para las *fashion victims*, las víctimas de la moda.

Las condiciones que pone Ramon Pujol para que un artículo pase a formar parte del variadísmo surtido de la Botiga Tèxtil es que le guste, sea funcional, y, sobre todo, representativo de la rama textil o la indumentaria.

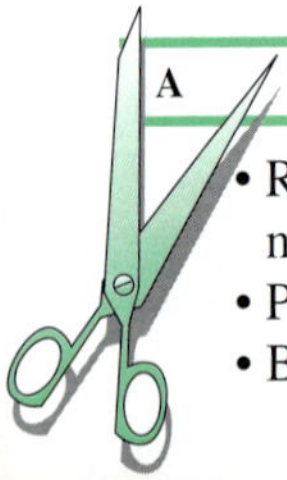

A DESTACAR

- Reproducciones u objetos relacionados con el museo textil
- Productos textiles
- Bibliografía sobre la rama textil y la indumentaria

CALÇATS SOLÀ

Ample, 7
Plano: pp.12-13 (116)
Tel.: 301 69 84
Zona: Barri Gòtic, Ciutat Vella
Metro: Drassanes
Autobuses: 14, 18, 38, 59, 64
Horario: lunes-viernes 9.30-13.30 y 16.30-20.00; sábado 17.00-20.00
Cierra: sábado en agosto
Tarjetas de crédito: todas
Especialidades: tallas grandes y calzado artesanal en piel natural
Precios: zapato deportivo número 50, 8.650 Pta.; albarca menorquina, 4.200 Pta.

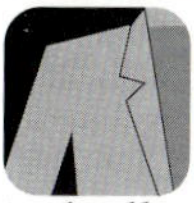

En la casa Solà los pósters con temática de baloncesto, cubiertos con firmas y dedicatorias de jugadores, cuelgan por encima de las estanterías llenas de zapatos. Aunque los carteles se encuentran a buena altura, ningún héroe del *basket* ha necesitado subirse al banquillo donde se sientan los clientes. Es un juego cómplice entre los vendedores y gigantes, que suelen agradecer por escrito que los provean de calzado, a pesar de contar con medidas exageradas.

En Calçats Solà tienen desde zapatillas hasta botas camperas con una numeración que va desde el 45 al 50, auténticas lanchas para el común de los mortales. Pero todo es relativo: parecen canijos en comparación con el *portaviones* del número 58 que se exhibe en el escaparate, originalmente destinado al ruso Tatchenko. Este fenómeno causa admiración incluso entre una clientela determinada, como, por ejemplo, los jugadores del Maccavi de Tel Aviv. “Cuando el equipo está en Barcelona, vienen todos juntos a comprar”, explica la encargada del establecimiento. “Se producen situaciones tan increíbles que, más de una vez, nos hemos visto obligados a cerrar para poder atenderlos”.

Y es que el local no es muy grande. Pero sí lo suficiente como para albergar, además, un buen repertorio de modelos de zapatos artesanos procedentes de distintas regiones españolas. Así, la gente de medidas menos espectaculares viene a Calçats Solà para recuperar las entrañables rastrojeras sorianas, las fraileras menorquinas o los brodequines palentinos. También para encontrar clásicos y rarezas como las botas tejanas o las tibetanas; las sandalias griegas o las indonesias.

A DESTACAR

- Zapatos de medidas grandes
- Zapatos artesanos en piel natural
- Marroquinería

EL SUIZO

Comtal, 7
Plano: pp.10-11 (48)
Tel.: 301 75 27
Zona: Barri Gòtic, Ciutat Vella
Metro: Catalunya, y también en Ferrocarrils de Catalunya, Jaume I
Autobuses: 14, 18, 24, 38, 41, 55, 59, 66, 91, 141
Horario: lunes-viernes 9.45-13.30 y 16.30-20.00; sábado tarde
Cierra: 15-30 agosto
Tarjetas de crédito: V y 4B
Especialidades: encajes y bordados; tejidos y complementos para trajes de novia
Precios: batista bordada desde 80 a 4.000 Pta. metro; tapete de bolillos hecho a mano, desde 3.000 a 14.000 Pta.

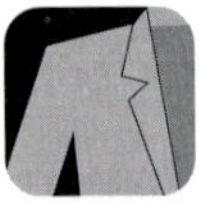

Blanco y radiante es casi todo el género que hay en El Suizo: tejidos y complementos para trajes de novia, comuniones, bautizos y otras fiestas; puntillas *alençon*, *valenciennes* o *calais*; bolillos a mano y máquina; *chantilly*; organdí; guipur; blondas y tules.

El origen de estos trabajos se remonta a la Italia renacentista del siglo XV. El nacimiento oficial de El Suizo, con sus puntas y encajes es bastante más cercano: parece deberse –eso asegura la encargada– a un señor de la Confederación Helvética, que inauguró el negocio en 1928. Desde entonces se venden tiras bordadas suizas u organdí de la misma procedencia, el cual se suele usar para hacer cortinas y tapetes, siempre susceptibles de ser bordados.

Un primor que soporta la fuerte competencia del género francés, así como del español, dentro del cual cabe destacar los bolillos hechos a mano por las *palilleiras* de Camariñas. También queda algún otro resquicio de esta artesanía antigua como las *puntaires* de Arenys, que rozan la calificación de joya; aunque también hay género procedente de Taiwan, que, si bien es muy rentable y a buen precio, no alcanza las mismas cotas de calidad.

Otra de las especialidades de El Suizo es la orientación a la clientela, casi siempre femenina, a excepción de algún diseñador o confeccionista. Las dependientas, encabezadas por la propietaria, Rosa María Laveda, aconsejan en cuestiones de metraje, patronaje y, por supuesto, en la elección de la punta más adecuada para cada tejido.

A DESTACAR

- Encajes y bordados
- Tejidos y complementos para trajes de novia
- Bolillos a mano y a máquina

EL TRANSVAAL

Hospital, 67
Plano: pp.10-11 33
Tel.: 301 91 18
Zona: El Raval, Ciutat Vella
Metro: Liceu
Autobuses: 14, 18, 38, 59
Horario: 9.30-13.30 y 16.00-20.00
Cierra: ningún día
Tarjetas de crédito: V, MC y EC
Especialidades: uniformes de hostelería y servicio doméstico
Precios: uniforme de cocinero, 6.655 Pta.; uniforme de doncella, 7.565 Pta.; esmoquin, desde 45.000 Pta.

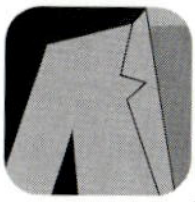

La sastrería El Transvaal nació en 1888 y fue bautizada a raíz de la beligerante actualidad que circulaba en la prensa de la época. El constante conflicto entre británicos y bóers, especialmente tras la formación de los estados de Orange y el Transvaal, fue una cuestión que preocupó sobremanera a los primeros propietarios. Hasta el punto de registrar su negocio con el nombre de esta región sudafricana.

El Transvaal, en principio una sastrería al uso, con los años se fue especializando en trajes para todo tipo de servicio: chóferes, cocineros, mayordomos, amas de llaves, criados o doncellas. Aunque actualmente la mayoría de los clientes pertenece al gremio de la hostelería, se siguen recibiendo llamadas telefónicas de las señoras de hogares más que acomodados, para anunciar la próxima visita de toda su flota de sirvientes.

A Transvaal también acuden gente del espectáculo como La Trinca, El Tricicle o Pere Tàpies, que se han servido de género para sus montajes. Otras piezas, como el clásico gorro de cocinero, si se quiere a juego con el delantal, se venden en muchas ocasiones para hacer regalos originales a los amantes de la cocina. También para los detractores de las perolas, medio en broma, medio en escarnio.

Los distintivos de La Transvaal son el maniquí de medio cuerpo que recibe a la clientela; así como los botones primitivos que aún manufacturan y cosen en las chaquetas de trabajo. También, por supuesto, la profesionalidad de madre e hija que dirigen el establecimiento, ambas capaces de convertir al más grande de los príncipes en un elegantísimo lacayo.

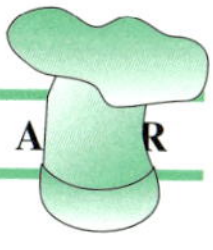

A DESTACAR

- Uniformes de camareros/as
- Uniformes de cocineros/as

FILLS DE M. SALA

Call, 3-5
Plano: pp.10-11 (85)
Tel.: 3 18 82 30
Zona: Barri Gòtic, Ciutat Vella
Metro: Liceu, Jaume I,
Autobuses: 14, 18, 19, 38, 40, 45, 59
Horario: 9.30-13.30 y 16.00-20.00
Cierra: sábado tarde y agosto
Tarjetas de crédito: ninguna
Especialidades: fornitura de bisutería, adornos para trajes de fiesta y espectáculos
Precios: cierre de pendiente, 25 Pta.; hilo con mil lentejuelas, 260 Pta.; corona, 30.000 Pta.

El jefe encargado confirma lo evidente: "Sería imposible efectuar un muestrario de lo que tenemos en esta tienda". Un género que, en conjunto, bien podría utilizarse para montar un gigantesco mosaico, constituido por una cantidad casi infinita de piezas de bisutería y pedrería.

En este negocio, próximo a cumplir cien años, se despachan perlas de imitación, lentejuelas y granitos de vidrio a una velocidad vertiginosa. Como la aglomeración de brillos y colores atrae a gran cantidad de público, los herederos de M. Sala se han visto obligados a instalar un dispensador tipo *su turno*.

El despacho del género lo lleva a cabo un ejército de jóvenes mujeres, que suelen atender a una clientela con las ideas muy claras. Muchos vienen a buscar multitud de fragmentos de fantasía que, finalmente, acabarán convertidos en pendientes, broches, collares o cualquier tipo de complemento susceptible de ser vendido. Otros o, más bien, otras, se acercan para comprar caprichos multicromáticos con que engalanar su vestuario.

También hay gente que viene a por pasamanería o aplicaciones con pedrería. Incluso hay quien sólo quiere plumas de distintas tonalidades para coser a sus trajes de baile, pero ésos son los menos. Antes, cuenta el encargado, "se vendía género hasta para trajes regionales; ahora, ya nadie se gasta un duro, ni para lucir en disfraces". Pero, por si acaso, junto a las mil y una piezas, muchas de patronaje propio, siguen brillando coronas y diademas hechas de vidrio checo y austríaco.

A DESTACAR

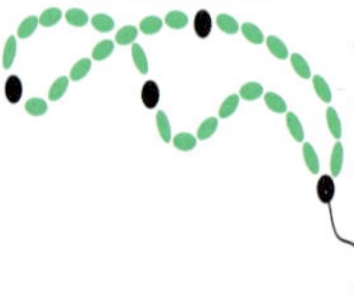

- Lentejuelas de todos los colores
- Perlas de plástico o con núcleo de vidrio
- Granitos de vidrio

GUANTERÍA PEDRO ALONSO

Santa Anna, 27
Plano: pp.10-11 ㊼
Tel.: 317 60 85
Zona: Barri Gòtic, Ciutat Vella
Metro: Catalunya, y también en Ferrocarrils de Catalunya
Autobuses: 14, 18, 24, 38, 41, 55, 59, 91, 141
Horario: 9.45-13.30 y 16.30-20.00
Cierra: una semana de agosto
Tarjetas de crédito: todas
Especialidades: guantes y abanicos
Precios: guantes de lana, 800 Pta.; guante de pecarí, 14.500 Pta.; abanicos, desde 100 a 20.000 Pta.

La puerta y el escaparate modernistas de este negocio vieron desfilar a gran parte de las damas y caballeros de la burguesía catalana de otra época. Porque, para un correcto e impecable seguimiento de las normas del buen vestir, era condición indispensable proveerse de complementos como unos ajustadísimos guantes.

Ellas, además, cuando llegaba el verano, colgaban de sus faldas bonitos abanicos que, aparte de ahuyentar el calor, certificaban cierta posición social. Junto a los abanicos y los guantes, la mayoría de origen francés, también se podían adquirir los obligados perfumes o las bigoteras, destinadas a conservar intactas las trabajadas formas de los bigotes durante las horas de sueño.

La encargada, Victoria Alonso, señala: "El guante ha evolucionado". Ahora la gente los quiere más anchos, aunque para vestir se siguen llevando modelos estrechos. Buscan guantes que ajusten como un guante", subraya esta profesional.

Aquí, aparte de otros complementos como bisutería, sombreros o medias, se encuentran guantes para casi todas las actividades: de esquí, para ir en moto, para jugar al golf o hacer halterofilia. Tampoco faltan los guantes de lana para protegerse del frío; de pecarí, de piel de cerdo, con más o menos pulgadas de largo; guantes de algodón para los alérgicos; guantes de fantasía con pedrería o muñecos; y manoplas y mitones, ambos sin dedos. Sólo faltan los de boxeo, aunque eso supondría una traición al recuerdo de los viejos y buenos tiempos.

A DESTACAR

- Guantes de vestir
- Guantes para deportes
- Guantes para guardarse del frío
- Abanicos

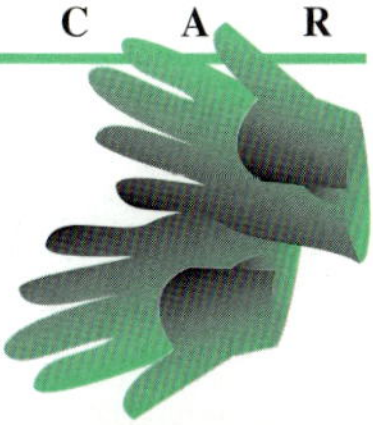

JOSEP FREIXES

Aselm Clavé, 9
Plano: pp.12-13 117
Tel.: 317 52 38
Zona: Façana Marítima, Ciutat Vella
Metro: Drassanes
Autobuses: 14, 36, 57, 59, 64
Horario: 9.00-13.00 y 15.30-19.00

Cierra: agosto
Tarjetas de crédito: ninguna
Especialidades: calzado ortopédico y a la medida
Precios: zapato ortopédico, desde 60.000 Pta.; zapatos del número 49 desde 60.000 Pta.; botas con alza de 14cm, desde 100.000 Pta.

Si nos fijamos en el escaparate, se diría que estamos ante la tienda del zapatero de Liliput: los modelos expuestos sólo son aptos para muñecas. Sin embargo, ésta no es la especialidad a que se dedica Josep Freixes, el propietario. Él hace zapatos a la medida, casi todos ortopédicos. Lo del calzado en miniatura, asegura el dueño, es una afición que no tiene precio. "Mientras tenga para comer no venderé ni uno de esos zapatitos", afirma rotundo.

El establecimiento nació en 1922, destinado, principalmente, a la manufactura de zapatos por encargo. Por aquel entonces, calzar un artículo hecho a la medida era símbolo de prestigio; "ahora, basta llevar unos zapatos de marca para presumir de calidad y precio", dice Josep Freixes. No obstante, añade que durante años tuvo un cliente que sólo calzaba lo que él le fabricaba, ya que "ese caballero estaba obsesionado con llevar modelos exclusivos".

Aunque abundan las anécdotas de este tipo, la clientela habitual de Josep Freixes se caracteriza por tener alguna minusvalía física que no le permite usar el calzado convencional de otras zapaterías. El señor Freixes y su mujer diseñan modelos que se adaptan a unos juanetes inmensos; a un pie sin dedos o a unas piernas de distinta longitud. La manufactura de este tipo de calzado es sumamente personalizada. Una vez hecho el primer par de zapatos, se sigue con el cliente la evolución de la moda para modificar, si hace falta, el diseño de las reproducciones sucesivas. Como dice este zapatero, "a nadie le gusta tener los pies feos".

A DESTACAR

- Zapatos ortopédicos a la medida
- Zapatos a la medida

LA MANUAL ALPARGATERA

Avinyó, 7
Plano: pp.10-11 88
Tel.: 301 01 72
Zona: Barri Gòtic, Ciutat Vella
Metro: Liceu, Jaume I
Autobuses: 10, 14, 17, 18, 38, 45, 59

Horario: 9.30-13.30 y 16.30-20.00
Cierra: ningún día
Tarjetas de crédito: todas
Especialidades: alpargatas artesanas con suela de cáñamo
Precios: alpargatas hechas a mano, desde 3.800 Pta.

Al abrir la puerta de La Manual Alpargatera se tiene la sensación de estar fisgando en el baúl de los recuerdos de la abuela. Ahí siguen los mismos muebles con que por los años cuarenta se inaguró la tienda, con su característico olor agridulce, como de bota vieja. Un mobiliario, además, siempre a rebosar de alpargatas de todas las medidas y colores. Al final de un camino de cestos de mimbre, bastones de madera y sombreros de paja, queda al descubierto una mesa de trabajo sobre la cual no han cesado de unir cáñamo y algodón varias generaciones de artesanos alpargateros.

Aunque se trate de un calzado milenario, la alpargata es todavía un complemento imprescindible en cualquier ropero. Al menos así parecen opinar muchos de los clientes habituales de La Manual Alpargatera. Entre ellos, el papa Juan Pablo II, a quien hacen las alpargatas a medida; la esposa de Michael Douglas, que coincidía con Dalí en la preferencia por el modelo viguetano; o el presidente del Comité Olímpico, Joan Antoni Samaranch, que calza la alpargata de Valls, la cual también forma parte del traje típico de los *Mossos d'Esquadra*.

La pasmosa fama internacional de este comercio manufacturero, al que hasta el New York Times le ha dedicado alguna página, no excluye a otros clientes más anónimos y mucho más cercanos. A La Manual se vienen a buscar desde las alpargatas de tabernero y cartero, hasta las que conjuntan con el vestido tradicional catalán. Todas ellas se complementan bien con los sombreros de Panamá, también de la casa, hechos con finísima paja impermeable.

A DESTACAR

- Alpargatas artesanas
- Bastones
- Sombreros de paja
- Cestos de mimbre

MAGATZEMS DEL PILAR

Boqueria, 43
Plano: pp.10-11 (84)
Tel.: 317 79 84
Zona: Barri Gòtic, Ciutat Vella
Metro: Liceu
Autobuses: 14, 18, 38, 59
Horario: 9.30-13.30 y 16.00-20.00
Cierra: agosto

Tarjetas de crédito: todas, excepto AE
Especialidades: mantones de manila y telas para trajes regionales
Precios: mantón para bailes tradicionales, 4.000 Pta.; mantón de manila de seda, desde 25.000 Pta.; medias para bailar, 2.000 Pta.; faja de *casteller*, 1.400 Pta.

Los mantones de manila vuelven a estar de moda. No para uso diario, pero sí para bodas y otras celebraciones. Incluso, asegura la señora Cabedo Pitarque, propietaria de la tienda: "Hay abuelas que en ocasiones especiales siguen regalando mantones a sus nietas, gastándose 50.000 pesetas, y más, en una pieza". Pero eso no es muy frecuente. Queda lejos la antigua tradición de que cada casa española debía contar, al menos, con un mantón de manila.

Los precios de estas prendas pueden variar considerablemente, según el material de que estén hechas y la calidad de su bordado. La señora Cabedo asegura que "cada mil pesetas, hay un mantón", es decir, de todos los precios. Su lugar de procedencia suele ser el sur de España; aunque también se fabricaban en Barcelona hacia 1885, cuando la familia Pitarque, originaria de Teruel, montó el negocio.

Además, Magatzems del Pilar vende telas y complementos para confeccionar trajes regionales de lugares como Extremadura, Galicia y, obviamente, Cataluña y Aragón. Los principales clientes son las casas regionales, los *esbarts dansaires* (grupos de danza popular), los *geganters* (portadores de gigantes y cabezudos), las *colles de castellers* y *xiquets* (grupos dedicados a la tradición de levantar torres humanas), y las *pubilles* (la moza más bella y simpática de una entidad cultural, pueblo, ciudad, comarca o región).

Pero quizá el artículo que más llama la atención es la *mantellina*, que parece un chal de punto.

A DESTACAR

- Mantones de manila
- Telas para trajes regionales
- Complementos para trajes regionales
- *Mantellinas* hechas a mano

PASAMANERÍA Y MERCERÍA JOVER

Cardenal Cassanyes, 4
Plano: pp.10-11 (77)
Tel.: 317 89 93
Zona: Barri Gòtic, Ciutat Vella
Metro: Liceu, Jaume I
Autobuses: 14, 17, 18, 38, 40, 45, 59
Horario: 10.00-14.00 y 16.00-20.00
Cierra: agosto
Tarjetas de crédito: todas
Especialidades: pasamanería y mercería
Precios: flequillo (20 centímetros), 450 Pta. por metro; tira recta de *strass*, 1.575 Pta. por metro; red y mitones catalanes, desde 3.000 Pta.

Sólo han bastado dos generaciones de la familia Jover para tirarse todo un siglo vendiendo pasamanería. Además, el escaparate de este negocio sugiere un mundo fantástico con piedras que parecen más bien salidas de la película *Cabaret*, no de una pequeña tienda del barrio Gótico. Un negocio al que, por si fuera poco, se le terminaría añadiendo el muestrario de artículos dedicados a la reparación del vestido.

Aun así, todavía no se ha perdido la esencia de la casa, es decir, la venta de una pasamanería compuesta por los típicos galones, flequillos, borlas, cordones o botones. Un material que antaño se hacía en el taller de Antonio Jover y Pomar, padre de los dos hermanos que ahora regentan el pequeño establecimiento.

Actualmente, los Jover siguen confeccionando parte del género, aunque siempre de pequeña envergadura. Es la llamada pasamanería de mostrador, ya que en opinión de Antoni Jover hijo: “Sería absurdo querer competir con la pasamanería industrial, porque debiéramos vender la misma pieza a mucho más del doble”. Lo que aún se sigue fabricando son las tradicionales *gandalles* (redecillas) y *miteres* (mitones), complementos indispensables del traje regional catalán.

Buscando cierto prestigio y procurando atraer compradores, los Jover hacen brillar entre su género artículos como el cristal de alta calidad Swarovski; piedrecitas para bordar en vestidos; o tiras de *strass*, que aquí quedarían traducidas por tiras de diamantes de cristal.

A DESTACAR

- Artículos de pasamanería
- Artículos de mercería
- Pedrería
- Redes y mitones artesanos

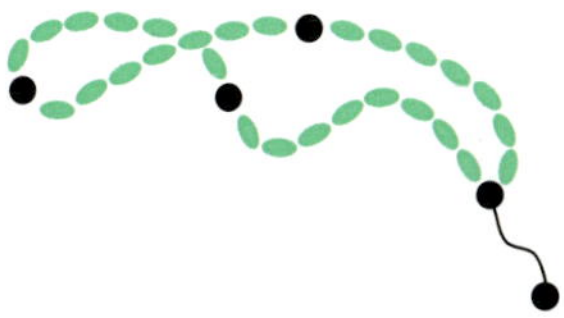

RIBES & CASALS, S.A.

Pau Claris, 79
Plano: pp.10-11 37
Tel.: 318 60 84
Zona: Eixample Dreta
Metro: Catalunya, y también en Ferrocarrils de Catalunya, Urquinaona
Autobuses: 7, 18, 22, 24, 28, 39, 42, 45, 47, 50 ,54, 56

Horario: 9.15-13.30 y 15.30-20.00
Cierra: ningún día
Tarjetas de crédito: todas
Especialidades: tejidos
Precios: algodones, desde 100 Pta.; pelo de cachemir, desde 25.000 Pta./m; tejidos para vestidos de fiesta, desde 30.000 Pta./m.

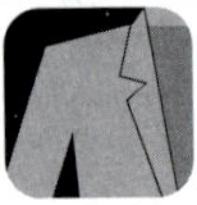

Es, casi seguro, la máxima autoridad barcelonesa en tejidos. Los que cruzan sus puertas esperan encontrar aquella tela tan especial, ésa que nadie en el resto de la ciudad ha podido proporcionales. Este negocio, fundado en 1933 por las familias Ribes y Casals, nació especializado en tejidos para vestidos de mujer. Actualmente, venden casi todo en lanería, sedería, fantasía o algodón. Sus aplicaciones son múltiples: hogar, moda, indumentaria para el espectáculo, etcétcera.

Ribes & Casals sirve tanto al detalle como al por mayor. La primera forma atrae a un público básicamente femenino, en el cual, fuera de toda expectativa, predominan las jóvenes. Los que compran a lo grande son profesionales de las artes escénicas. Según Joan Casals, gerente de la empresa, "hace cuarenta años ni les pasaba por la cabeza que su género atraería a gente de teatro, televisión y de los musicales de todo el país".

El material a la venta procede de Oriente -Corea, Japón, Taiwán e Indonesia-, aunque también hay artículos nacionales, europeos y americanos; pero lo que más destaca es la plantilla de vendedores: todos son hombres. El gerente argumenta este hecho sexista desde la perspectiva de la tradición: "Por una razón de oficio. Todos los dependientes entraron de aprendices cuando eran jóvenes. Ribes & Casals tenía fama de formar a sus profesionales como en una escuela. Antes las mujeres estaban fuera del mercado laboral, por lo que... Además –continúa Casals–, aquí se desarrollan tareas pesadas, como mover piezas de 30 ó 40 kilos".

A DESTACAR

- Lanería
- Sedería
- Algodón
- Fantasías

SOMBRERERÍA OBACH

Carrer del Call, 2
Plano: pp.10-11 (81)
Tel.: 318 40 94
Zona: Barri Gòtic, Ciutat Vella
Metro: Liceu, Jaume I
Autobuses: 14, 17,18, 38, 40, 45, 59
Horario: 9.30-13.30 y 16.00-20.00
Cierra: ningún día
Tarjetas de crédito: todas, excepto AE y 4B
Especialidad: sombrerería
Precios: gorro de lana, 800 Pta.: sombrero de fieltro tipo *gatsby*, 6.800 Pta.; sombrero de copa, 16.000 Pta.

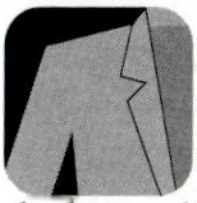

Pocas veces una esquina es tan afortunada. Así lo reconoce Antoni Obach, el propietario de la sombrería situada en la confluencia de las calles del Call y dels Banys Nous. Porque este negocio fundado en 1924 y que ya va por la tercera generación, se beneficia de una posición envidiable: dos vías peatonales estrechas en las que resulta ineludible, e irresistible, echarle un vistazo a su gran escaparate.

En él se muestra casi todo el género disponible de la tienda. Es decir, atuendos de cabeza para todos los gustos y todas las ocasiones. Desde una gorrita del Barça hasta un sombrero de copa. No faltan, por supuesto, las monteras de torero –éste es un barrio con mucha afluencia turística– y las ya clásicas chapelas vascas. Aun así, lo más vendido siguen siendo los sombreros de uso cotidiano. "Los *gatsby* en fieltro, con ala ancha, los demanda un público joven, tanto masculino como femenino –señala Obach–mientras que los de ala corta, con cuadros, son los que prefieren los clientes mayores".

Obach reconoce que ha cambiado mucho la actitud de la clientela: "Antes se acudía a las sombrerías como a un ritual, por lo que la adquisición de un sombrero podía llevar toda una mañana. Ahora se entra con las ideas bien claras". Estas compras, además, se aceleran gracias al buen ojo del encargado: le basta una mirada para calcular la medida de cualquier cabeza. Algunas de ellas merecen un trabajo por encargo, como la de algún cantante algo cabezudo y cliente ocasional de esta sombrerería superviviente de los viejos tiempos.

A DESTACAR

- Sombreros
- Boinas
- Gorras

ZEBRA

Avinyó, 46
Plano: pp.12-13 (113)
Tel.: 301 58 42
Zona: Barri Gòtic, Ciutat Vella
Metro: Liceu, Jaume I
Autobuses: 14, 17, 18, 38, 40, 45, 59,
Horario: 11.00-14.00 y 17.00-20.30
Cierra: ningún día
Tarjetas de crédito: V
Especialidades: prendas alternativas de confección personal y objetos de los años 40, 50 y 60
Precios: camiseta teñida, desde 2.000 Pta.; sombrero *vedette*, 2.500 Pta.; ventilador pulga (años cincuenta), desde 4.000 Pta.

Incluso el olor es cursi. En el mismo antro conviven molinillos de café y ventiladores pulga de los cincuenta, cafeteras Campeonas de los sesenta, gabardinas de charol rojo, medias estampadas, bolsos amarillos, boinas de terciopelo, bisutería artesana y postales con imágenes de gente muy *ye-ye*.

La idea inicial de Zebra era ofrecer su confección de ropa alternativa directamente al público, sin pasar por intermediarios. Este negocio pretende ser un taller-tienda y no un simple mostrador de prendas de vestir. Según Pilar, que es quien elabora la indumentaria, no busca crear moda. Sencillamente, intenta seguir día a día los gustos y apetencias de la clientela, lo cual hace del todo imprevisible el material que estará a la venta la próxima temporada.

Pilar afirma que este no es un lugar para vestirse de pies a cabeza, lo cual podría convertirse en un excitante deporte de aventura. La gente viene a buscar complementos que proporcionen originalidad y diversión a su ropero. La mayoría de la clientela es femenina, tal vez por la predominante sinuosidad de líneas en el género a la venta. "Aunque –dice la dueña– a Zebra acuden tanto mujeres jóvenes como viejecitas de setenta años".

Otra clase de público es el que está interesado en la variedad de objetos de entre los años cuarenta y sesenta. La mayoría son pequeños electrodomésticos que a cualquiera le pueden parecer verdaderas piezas de museo. Todas ellas son bocado exquisito para coleccionistas y para nostálgicos de aquellos maravillosos años que, por pretéritos, siempre fueron mejores.

A DESTACAR

- Ropa alternativa
- Sombreros y gorros
- Bisutería artesana
- Objetos de los años cuarenta al sesenta

GREENPEACE

Pelai, 32, ático
Plano: pp.8-9 ㉔
Tel.: 318 77 49
Zona: El Raval, Ciutat Vella
Metro: Catalunya, y también en Ferrocarrils de Catalunya, Universitat
Autobuses: 14, 18, 24, 38, 41, 55, 59, 91, 141
Horario: 10.00-13.30; miércoles 10.00-13.30 y 17.00-19.00
Cierra: ningún día
Tarjetas de crédito: V
Especialidades: artículos fabricados con sistemas de producción limpios
Precios: libro de Michael Brown y John May: *Historia de Greenpeace,* 2.400 Pta.; camiseta *Rainbow Warrior*, 2.500 Pta.; reloj solar, 10.000 Pta.

"Telex 10 de julio de 1985. Urgente: Hace aproximadamente dos horas dos explosiones han hundido el *Rainbow Warrior* en el puerto de Auckland, Nueva Zelanda. Se sospecha sabotaje. Por ahora disponemos de poca información. Desaparecido un tripulante. Por favor, no llaméis, repito, no llaméis a la oficina de Auckland porque los teléfonos están bloqueados. Habrá más información dentro de una hora aproximadamente." Así abría su último catálogo primavera-verano la organización Greenpeace. Idéntico texto viene estampado en la camiseta rememorativa del barco *Rainbow Warrior*.

Casi todos los objetos que Greenpeace pone a la venta tienen un tono reivindicativo. Para su fabricación se procura utilizar sistemas de producción limpios, que dañen lo menos posible el medioambiente. Por ello todos los textiles son blanqueados sin cloro y teñidos con productos no nocivos para el entorno; los zapatos y marroquinería se hacen con pieles de desecho; los relojes son solares; el papel es reciclado y blanqueado con oxígeno; los adhesivos no están plastificados; incluso, en la grabación de la casete y el disco compacto *Alternative NRG* se utilizó únicamente energía solar.

En este pequeño departamento destinado a tienda también se puede adquirir bibliografía relacionada con Greenpeace y el medioambiente en general, así como el calendario que la organización edita en Estados Unidos cada año.

A DESTACAR

- Camisetas con el logo de Greenpeace
- Reloj solar
- Marroquinería de piel de desecho
- Bibliografía sobre Greenpeace

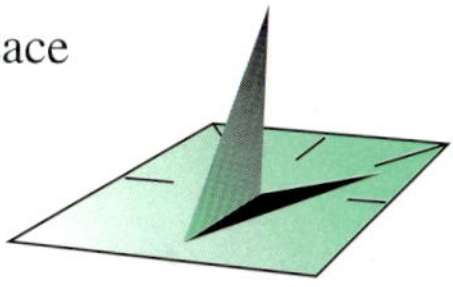

INTERMÓN

Roger de Llúria, 15
Plano: pp.10-11 38
Tel.: 482 07 00
Zona: Eixample Dreta
Metro: Urquinaona
Autobuses: 22, 28, 39, 45, 47
Horario: 10.00-14.00 y 16.30-20.00
Cierra: ningún día

Tarjetas de crédito: V
Especialidades: artesanía del Tercer Mundo
Precios: ocarina (Perú), 1.200 Pta.; cesta porta huevos (Filipinas), 2.300 Pta.; alfombra de algodón (83x103cm) (Zimbabwe), 3.900 Pta.

Intermón es el prototipo de *comercio alternativo*. En España se empezó a introducir este comercio, también llamado *justo*, a finales de los ochenta, cuando en Europa ya hacía 35 años que se practicaba. Sus bases son unas relaciones comerciales equitativas entre Norte y Sur. Es decir, las organizaciones productivas del Tercer Mundo se benefician directamente de la venta del género que manufacturan y funcionan siguiendo unos criterios claves: no hay niños trabajando en condiciones esclavizantes; los salarios han de ser justos para mantener una vida digna; las mujeres perciben salarios equilibrados con el de los hombres; se respeta el medio ambiente; y se colabora con asuntos de la comunidad.

De hecho, Intermón lleva trabajando para el Tercer Mundo desde 1956, pero no fue hasta septiembre de 1995 que abrió su primera tienda, propiamente dicha, en Barcelona. Es una hermosa muestra de arte popular de alta calidad procedente de distintos países de África, América, Asia y Oceanía. Intermón vende tapices tailandeses tejidos sobre caña de bambú; objetos de cerámica con el típico dibujo cuzco peruano; vidrio reciclado de Guatemala; sonajas chilenas; bolsos indonesios; tallas de fauna africana en madera de teka de Kenya; perfumadores de Camerún; jaboneras de mármol de la India y un largo y bello etcétera. Intermón también ofrece material educativo para la cooperación, la solidaridad y el desarrollo destinado principalmente a escuelas, pero también útil a particulares.

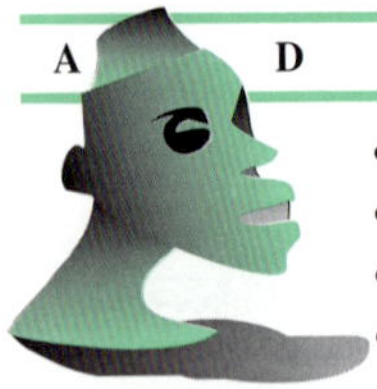

A DESTACAR

- Cerámica peruana
- Vidrio guatemalteco
- Tallas africanas
- Cestería filipina

S.O.S. RACISME

Escudellers Blancs, 12
Plano: pp.12-13 (102)
Tel.: 301 05 97/412 00 34
Zona: Barri Gòtic, Ciutat Vella
Metro: Drassanes, Liceu
Autobuses: 14, 18, 38, 59,
Horario: 10.00-14.00 y 17.00-21.00
Cierra: ningún día

Tarjetas de crédito: ninguna
Especialidades: productos reivindicativos de la lucha contra el racismo
Precios: *pin* con el logo de S.O.S. Racisme, 300 Pta.; camiseta de la exposición *A Tot Color*, 1.900 Pta.; agenda del Jabalí feliz, 2.500 Pta.

No se sabe muy bien si las rejas de la entrada son para ahuyentar a la delincuencia del barrio o para proteger el local de ataques racistas. Esta asociación tiene como objetivo principal la sensibilización de la sociedad para la dignificación de la vida de los inmigrantes y las minorías étnicas; es decir, defiende y pretende conseguir la igualdad de derechos para todo el mundo. S.O.S. Racisme se manifiesta como la abanderada de la lucha contra el racismo y la intolerancia.

En realidad, el espacio dedicado a la tienda no es gran cosa. Los escasos aunque variados productos S.O.S. Rascisme tienen cabida en unas pocas estanterías. Hay *pins*, llaveros, mecheros y postales con el logo de la asociación: una mano alzada que invita a detenerse. Además de los *pins*, los artículos más populares son las camisetas. Éstas reproducen dibujos de Mariscal, Perico Pastor, Lluisot, Ibà, y muchos otros artistas gráficos. Los originales forman parte de una exposición itinerante, *A Tot Color* (A Todo Color), que S.O.S. Racisme inauguró en 1991.

El área de Estudios y Documentación de la asociación también gestiona la venta de libros, vídeos y música de contenido comprometido, casi siempre a muy buen precio. El género de S.O.S. Racisme se puede encontrar distribuido en otros establecimientos, como grandes almacenes, tiendas de regalo, librerías, etcétera, pero a precios más elevados. Para el resto de España se utiliza el servicio de venta por correo, que no incluye los portes.

A DESTACAR

- Camisetas de la exposición *A Tot Color*
- *Pins* y otros objetos con S.O.S. *Racisme*
- Bibliografía, vídeos y música sobre racismo e inmigración

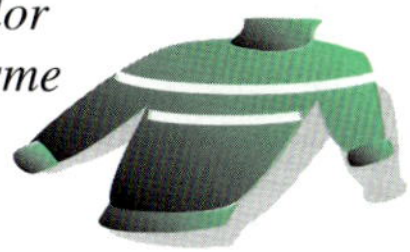

UNICEF

Aribau, 46
Plano: pp.8-9 ⓳
Tel.: 453 17 82
Zona: Eixample Esquerra
Metro: Universitat
Autobuses: 54, 58, 63, 64, 66
Horario: 1 enero-15 octubre 8.00-15.00; 15 octubre-31 diciembre 9.00-13.30 y 16.00-19.30
Cierra: agosto y sábado mañanas, excepto noviembre-diciembre
Tarjetas de crédito: ninguna
Especialidades: Productos UNICEF
Precios: Caja con 10 tarjetas (surtido Navidad), 850 Pta.; calendario de actividades para niños, 1.350 Pta.; camisetas, 1.500 Pta.

Si intentamos recordar un producto UNICEF, lo primero que acude a nuestra memoria son las típicas tarjetas navideñas. Y es que, con una variedad de unas cien referencias, este artículo se convierte año tras año en la estrella de esta organización para la infancia. En España, cada Navidad, se adquieren unos 16 millones de estas postales, un 20% de las cuales se vende en Cataluña. Esta cifra mágica permite al Comité español de la UNICEF ser uno de los cuatro países con mayor derecho a voto para escoger los modelos de cada temporada, de los que cada año se presentan nada menos que cinco mil.

A pesar del protagonismo de este artículo (en navidades el establecimiento se abarrota), existen otros productos UNICEF no tan conocidos, propicios para cualquier época del año. Destaca la gama de objetos de papelería: tarjetas para cualquier ocasión, papel y etiquetas de regalo, tarjetas para sociedades y profesionales, material de escritorio, papel para cartas, calendarios, agendas, etcétera.

También son importantes los productos infantiles como juegos y libros, algunos editados por UNICEF, como el *Libro de cuentos de Navidad,* así como otros publicados en colaboración con otras editoriales, como por ejemplo, *Niños como yo*, de la editorial Bruño. Además, se venden platos de porcelana de la casa Villeroy & Boch con imágenes de niños y niñas de distintos países, tazas con diseños para pequeños y mayores, camisetas, toallas y chándals.

A DESTACAR

- Tarjetas navideñas
- Platos de porcelana de Villeroy & Boch
- Bibliografía infantil

ANGELUS

València, 216
Plano: pp.8-9 ⓮
Tel.: 323 06 16
Zona: Eixample Esquerra
Metro: Passeig de Gràcia, Diagonal, y también en Ferrocarrils de Catalunya, Provença
Autobuses: 20, 21, 43, 44, 63
Horario: 10.30-14.00 y 16.30-20.00

Cierra: ningún día
Tarjetas de crédito: todas, excepto DC
Especialidades: artículos con motivos angelicales
Precios: alas de chocolate, 400 Pta. la docena; *Entrevista con los ángeles,* de Fietta Jarque y Rosa Rivas, 1.700 Pta.; botella de colonia con ángeles, 1.345 Pta.

Los que necesiten un ángel de la guarda, los amantes de Cupido y los obsesos de la angelología en general, tienen cita obligada en Angelus. Un negocio donde reciben al cliente las explotadísimas criaturas regordetas que Raphael identificó con estos seres etéreos. Otras representaciones angelicales, no menos cándidas, se extienden a todos los artículos imaginables.

Esta tienda, idea de la diseñadora Montserrat Figueras y su marido, Marcià Angrill, pretende abrir los sentidos al visitante a través de sus chocolates en forma de alas de ángel con los que obsequian a la clientela. También mediante la creación de un ambiente donde participan flores, un ambientador con aroma de canela, colonias, jabones y cremas hidratantes; amén de libros e ilustraciones y, cómo no, una música evocadora. Además de estos embriagadores productos, la casa también se dedica a lo textil, la decoración y la bisutería: delantales, cojines, telas por metros, camisetas, sudaderas, pañuelos, *pins*, relojes, imanes de nevera, figuras, velas, etcétera. En fin, de todo.

El matrimonio Angrill-Figueras recogió la idea de la obsesión estadounidense por esas criaturas celestiales, aunque Marcià Angrill asegura que también hay ángeles con cola y, seguramente, con cuernos. Según el propietario, a pesar de que estos seres alados actualmente están muy de moda, en el mundo anglosajón ya existía una larga tradición de artículos con motivos angelicales. Estas tiendas temáticas parecen tener el éxito confirmado. Angrill cree que es porque van más allá de las fronteras culturales e ideológicas, y, además, despiertan los sentimientos. Bonito, muy bonito.

A DESTACAR

- Ropa con ángeles
- Chocolates con forma de alas
- Bibliografía sobre ángeles

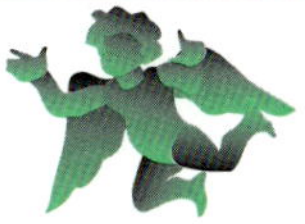

CASA CIUTAD

Portal de l'Angel, 14
Plano: pp.10-11 (72)
Tel.: 317 04 33
Zona: Barri Gòtic, Ciutat Vella
Metro: Catalunya, y también en Ferrocarrils de Catalunya, Jaume I
Autobuses: 14, 18, 24, 38, 41, 55, 59, 91, 141
Horario: 10.00-20.30
Cierra: ningún día
Tarjetas de crédito: todas, excepto 4B
Especialidades: peines y cepillos
Precios: peine de concha con pedrería, 2.900 Pta.; peine para bigote, 800 Pta.; peineta española de nácar, 11.000 Pta.

En Casa Ciutad saben mucho respecto al cuero cabelludo de cada cliente. Tanto como para aconsejar, igual que un profesional de la peluquería, acerca del cepillo o peine más adecuado para cada cabeza. Los cepillos, siempre con cuerpo de madera de haya, cuentan con púas de origen vegetal para que no se electrice el cabello; o bien, si la cabellera es débil, con púas de cerda. Para aquellas cabelleras a prueba de bomba quedan los cepillos con púas de jabalí. Idéntica atención se reserva a los peines. Dependiendo de la cantidad de cabello, o aun si se detecta la invasión de piojos, las directrices del vendedor indicarán una u otra conveniencia.

El purismo de Casa Ciutad lleva hasta el ritual de informar acerca de la manera de hacerse la raya según las costumbres de la vieja escuela. La mujer precisa un peine de mango, mientras que el hombre, según los cánones, debe emplear un batidor. Aunque en la actualidad la concha de estos artículos tradicionales difiere bastante de la que se usaba antaño, cuando el abuelo de Santiago Ciutad fundó la antigua cepillería en la calle del Pi allá por 1892. Y es que ahora, aunque se conserve la misma denominación, todo se fabrica en metacrilato. La excepción la constituyen algunos peines que están a la venta, como los artesanales realizados con asta de toro.

Los artículos de tocador son otra de las especialidades de la casa, eso sí, están básicamente relacionados con pelos y cabellos, tanto de señoras como de caballeros. Ellos encontrarán aquí tijeras y peines para sus bigotes y barbas. Ellas, en cambio, disponen de pasadores y peinetas españolas, estas últimas un exitazo entre turistas y creadores de moda.

A DESTACAR

- Peines y cepillos
- Otros objetos relacionados con el cabello
- Lencería

CASH COVENTERS

Floridablanca, 145
Plano: pp.10-11 ㉘
Tel.: 423 99 00
Zona: Sant Antoni, Eixample
Metro: Universitat
Autobuses: 9, 24, 41, 50, 55, 56, 64, 141
Horario: 10.00-13.30 y 16.30-20.30

Cierra: ningún día
Tarjetas de crédito: todas
Especialidades: compra y venta de segunda mano u ocasión
Precios: anillo de oro 18 kilates, desde 2.200 Pta.; botas de esquí, desde 1.495 Pta.; televisor color, desde 9.995 Pta.

Un hombre enseña una placa de policía. La encargada no puede creer que alguien intente vender algo así. “No, perdone, yo soy policía. Acabamos de detener a un ladrón”. Ocurrió que un cliente había cogido una llave de mordaza para venderla en el otro lado de la tienda.

Cash Coventers, cadena de origen australiano, inauguró a principios de 1996 su primer local en España. ¿Tiene un regalo de bodas que jamás ha utilizado y preferiría no haber recibido? ¿Se apuntó a un curso de esgrima y, después de comprarse todo el equipo, sólo asistió dos días? La gente acude a este establecimiento con toda clase de artículos para deshacerse de ellos y recibir dinero en el acto. Un experto equipo de tasadores decide el valor de cada objeto según su naturaleza y su estado. Antes de ponerse a la venta, hay una comprobación policial de que el material no ha sido robado.

El público también acude a Cash Coventers para comprar alta fidelidad, informática, artículos deportivos, instrumentos musicales y discos compactos, etcétera, por un precio razonable. Todo el género está en buenas condiciones; incluso, a veces, no ha sido utilizado. Para todo dan un mes de garantía. Si surge algún problema, se repara o devuelven el importe.

Además, el matrimonio Hind –compuesto por un inglés y una española– ha introducido el sistema anglosajón del *lay-by* o *lay-away*: la tienda reserva al cliente el género elegido, y éste lo paga en la medida que pueda, hoy mil, de aquí a una semana tres mil, y así hasta que liquida su importe.

A DESTACAR

- Joyería
- Instrumentos musicales
- Alta fidelidad
- Pequeños electrodomésticos

DE DRETA A ESQUERRA

Copèrnic, 85
Plano: pp.8-9 5
Tel.: 201 93 92
Zona: Sarrià, Sant Gervasi
Metro: Pàdua en Ferrocarrils de la Generalitat
Autobuses: 16, 17, 74
Horario: lunes-viernes 10.00-13.30 y 17.00-20.00; sábado 10.00-14.00
Cierra: 15 días agosto
Tarjetas de crédito: todas
Especialidades: artículos exclusivos para zurdos
Precios: tijeras escolares, 950 Pta.; relojes 5.300 Pta.

Sólo los zurdos saben lo complicado que es vivir en un mundo de diestros. Y es que la mayoría de los objetos creados por el hombre están pensados y diseñados para utilizarse con la mano derecha. Esto siempre lo tiene presente Elicia, una enfermera diestra manual, pero zurda vocacional, acostumbrada a trabajar con niños con esta particularidad, "muchos con problemas de muñecas o cervicales por posiciones incorrectas mientras escriben", dice. Pensando en ellos abrió en diciembre de 1994 este pequeño negocio de la parte alta de la ciudad, inspirado en una tienda de similares características que hay en Londres.

De Dreta a Esquerra se concentra principalmente en pequeños objetos, herramientas y material de escritura. Sus precios son razonables, a pesar de tratarse de producciones limitadas. No están, sin embargo, aquellos aparatos mayores y más vistosos relacionados con el ocio, como guitarras eléctricas, palos de golf o de hockey sobre hierba, de los que pueden conseguirse unidades en las mejores tiendas de instrumentos o de deportes.

Un vistazo rápido al escaparate de esta tienda decepciona un poco. A primera vista todo el muestrario parece estar constituido por artilugios normales y corrientes. Bastará una simple demostración de la dueña para comprobar lo práctico que, para un zurdo, claro está, resultan todos los tipos de tijeras de fabricación alemana, o las estilográficas inglesas con el corte de plumín invertido. Hay también otros objetos, como reglas con los centímetros de derecha a izquierda, o relojes especulares (con manillas que avanzan en sentido contrario).

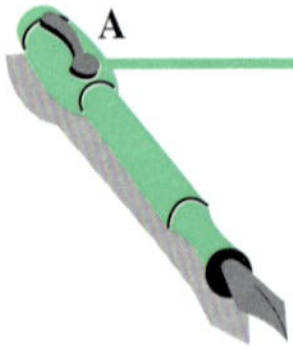

A DESTACAR

- Tijeras escolares, de manicura, para peluqueros, etcétera
- Relojes con perilla en el lado izquierdo
- Estilográficas

ESTUCHES Y ESCAPARATES, S. A.

Cervantes, 2
Plano: pp.12-13 (103)
Tel.: 302 15 09
Zona: Barri Gòtic, Ciutat Vella
Metro: Jaume I, Drassanes
Autobuses: 14, 17, 18, 38, 40, 45, 59
Horario: 9.00-13.30 y 16.00-19.00

Cierra: sábado y agosto
Tarjetas de crédito: ninguna
Especialidades: envases para joyas
Precios: estuche 45x50x35 cm, 180 Pta.; cajita universal para cadenas o medallas, 25 Pta.; estuche muestrario artesanía, desde 8.125 Pta.

Este lugar es la última parada para quienes van al centro de la Ciudad Condal en busca del diamantista, el pulidor o el grabador que le retoca sus joyas. Una sortija, un collar, un reloj o unos pendientes no están completos si el recipiente no está a la altura de las circunstancias. Además, Estuches y Escaparates es proveedor de envases para joyeros y vendedores de bisutería, para lo que cuenta con expositores de joyas.

El diseño sencillo y sobrio de la tienda hace juego con la línea de artículos que aquí se vende. Determinados modelos de estuche se multiplican obedeciendo a la infinita variedad de formas, medidas y colores que exigen la moda y los preciosos contenidos. Los envases para joyas que fabrica y vende esta empresa pueden ser de plástico, madera forrada de papel o imitación de piel de cocodrilo.

Más recientemente, han empezado a ofrecer a sus clientes continentes de cartón, los cuales responden al explotadísimo –y a estas alturas ya sospechoso– estilo ecológico. Además de las novedades que se presentan año tras año, esta firma mantiene los clásicos recipientes capaces de convertir cualquier alhaja en una pieza de ostentación. Incluso dan ganas de comprarlos por sí mismos, aunque no exista joya alguna que guardar. A fin de cuentas más de un cliente ha adquirido cajas con las que adornar tocadores y, mediante el engaño, matar de envidia a las visitas.

A DESTACAR

- Estuches
- Escaparates
- Bolsas para joyas

L'ESTANC DE VIA LAIETANA

Via Laietana, 4
Plano: pp.12-13 (114)
Tel.: 310 10 34
Zona: El Born, Ciutat Vella
Metro: Jaume I
Autobuses: 17, 19, 40, 45
Horario: 8.30-14.00 y 16.00-20.00

Cierra: sábado tarde
Tarjetas de crédito: todas, menos AE y 4B
Especialidad: tabaco
Precios: picadura selecta, 150 Pta.; cigarro cubano Molinos de Sancho Panza, 525 Pta./unidad; Espléndido Cohíba, 1.850 Pta./unidad.

En esta casa un fumador puede cambiar diariamente de tabaco, y aun así, le faltarán días en un año para probar todo el muestrario. Y es que L'Estanc de Via Laietana ofrece a sus habituales 500 marcas distintas de puros, purillos, cigarrillos, picadura de tabaco de pipa y de liar. Como indica su encargada: "Hay clientes que les gusta probar tabacos nuevos. Incluso tenemos uno que, por Semana Santa y Navidad, siempre nos pide, en plan de broma, unos purillos que se llaman Apostolados". Casi no hace falta decir que prácticamente disponen de todos los productos que distribuye Tabacalera y, en caso de que les falte alguno, lo piden.

Debajo del establecimiento se dispone de una cava que de forma natural mantiene las condiciones óptimas de humedad y temperatura para conservar los puros, merced a la cercanía del mar. En ella se ha habilitado un espacio para clientes especiales, con cajas de cedro individuales, donde pueden guardar sus preciados tabacos. En la cava también hay un sofá por si quieren degustarlo allí mismo. "A veces viene algún cliente después de comer, acompañado, y se fuma los cigarros y habla de negocios", explica un miembro de la familia Porta i Pujol, propietarios del establecimiento desde hace una década.

Además de tabaco, también ofrecen un amplio surtido en utensilios de fumadores, amén de todos los productos propios de un estanco habitual. Lo que más destaca de la decoración de la casa es el policromado de las cajetillas que abarrotan las estanterías. Allí uno puede pasarse horas enteras descubriendo marcas tan desconocidas como Mythos, Lamber ó Quai d'Orsay.

A DESTACAR

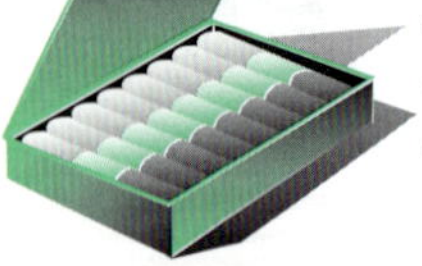

- Puros de todo el mundo
- Cigarrillos y tabaco de pipa y liar
- Utensilios para el fumador

LA BOTIGA DEL BARÇA

Maremágnum, local 027
Moll d'Espanya, s/n
Plano: pp.12-13 119
Tel.: 225 80 45
Zona: Façana Maritima, Ciutat Vella
Metro: Drassanes
Autobuses: 14, 36, 57, 59, 64
Horario: 11.00-23.00

Cierra: ningún día
Tarjetas de crédito: todas
Especialidades: artículos licenciados por el Fútbol Club Barcelona
Precios: calendario-cromo, 50 Pta.; camiseta del equipo, 7.500 Pta.; colgante de oro, rubí y zafiros, 150.000 Pta.

Esta tiendecita a ras del mar, ubicada dentro del centro comercial Maremágnum, es una obsesión y también una pesadilla. Un horror, desde luego, para cualquiera que no simpatice con el Fútbol Club Barcelona. Y el cielo, si el visitante es *culé*, pues seguro caerá en un éxtasis azulgrana. Y es que la decoración del local –uno de los tres existentes con licencia del club de fútbol– imita un campo de juego, eso sí, en miniatura, porque el espacio no da para mucho. Frente al mostrador, que representa una portería, se encuentra el punto de penalti, el cual ha inducido a más de uno a probar el chute de la suerte, tal vez para compensar la posible escasez de goles en el Camp Nou.

El seguidor incondicional, el coleccionista –o quizá hasta un adversario–, encontrará en La Botiga del Barça los mil y un artículos que le permitirán saciar su sed barcelonista. Y no se trata solamente del whisky, el vino de Jumilla o el cava que se presenta en una botella vestida con esmoquin (*blaugrana*, por supuesto). También está la ropa interior con *chip* incorporado que interpreta el himno del club; la colonia con la fragancia del equipo; así como las trompetas para animar en los partidos; los juegos de cama para tener sueños bicolores y los polvos pica-pica para hacer más efervescentes los vituperios de cada encuentro. Las imágenes de los jugadores de moda presiden un establecimiento que confirma, nuevamente, que el Barça es mucho más que un club.

A DESTACAR

- Equipo reglamentario del Fútbol Club Barcelona
- Prendas de vestir y símbolos azulgrana
- Imágenes de los jugadores
- Ropa para la animación de partidos

LA CONDONERÍA

Plaça Sant Josep Oriol, 3
Plano: pp.10-11 59
Tel.: 301 57 45
Zona: Barri Gòtic, Ciutat Vella
Metro: Liceu, Jaume I
Autobuses: 10, 14, 17, 18, 38, 45, 59
Horario: 10.30-14.00 y 16.30-20.30
Cierra: ningún día
Tarjetas de crédito: ninguna
Especialidades: toda clase de preservativos
Precios: preservativo normal, 125 Pta. unidad; equipo de afeitado con preservativo, 2.000 Pta.

Uno de los clientes habituales de la casa era un individuo que jamás vestía otro color distinto al negro; una fidelidad cromática que se extendía también a los preservativos. Pero nadie se ruborizaba ante aquella predilección, ya que en La Condonería todos y todas vienen a buscar lo mismo: preservativos que respondan al gusto particular. Los solicitan de uno en uno o por centenares: fluorescentes, gigantes, a topos, a rayas, granulados o con aroma de fresa; no sólo para utilizarlos con su pareja, sino, frecuentemente, como objeto de regalo a medio camino entre la simpatía y la provocación.

La Condonería surgió como una réplica de las tiendas especializadas de Holanda, Alemania o Suecia, pero con el tiempo ha ido adaptándose a las exigencias locales. Desde un principio pretendió ser mucho más que un simple mostrador de látex que ofreciera al público, además de material asombroso, información esencial sobre las ventajas y el empleo correcto de los preservativos. Tanto era así que, hasta hace muy poco, este diminuto local tenía destinado un espacio para la exposición de condones, donde cualquiera podía familiarizarse con la medida o modelo que más se ajustaba a su caso.

En la actualidad, las dueñas de este negocio también ofrecen un amplio repertorio de artículos *paralelos*, que van desde las ya clásicas camisetas y ropa interior picaronas, hasta los bombones-sorpresa con preservativo incorporado, que una pastelería fabrica expresamente para la casa.

A DESTACAR

- Preservativos para cada ocasión
- Preservativos con diseños originales (no aptos para el uso)
- Portacondones
- Objetos con motivos sexuales

MEDINA

La Rambla, 38
Plano: pp.12-13 106
Tel.: 318 40 78
Zona: Barri Gòtic, Ciutat Vella
Metro: Drassanes
Autobuses: 14, 18, 38, 59, 91
Horario: 9.00-13.30 y 16.30-19.30; sábado 9.00-13.00

Cierra: agosto
Tarjetas de crédito: ninguna
Especialidades: efectos militares, banderas bordadas
Precios: botón de uniforme, 70 Pta.; gorro con un escudo bordado, 8.500 Pta.

Situada convenientemente al lado del Gobierno militar, Medina ha vendido gorras, condecoraciones, galones y otros complementos a los militares desde los tiempos del general Espartero, el que ordenó bombardear Barcelona a mediados del siglo diecinueve. Actualmente reconvertida en sociedad cooperativa, Medina está gestionada por siete trabajadoras vinculadas con la empresa de toda la vida. Ésta es una tienda muy distinta a las que han proliferado en los últimos años, donde se vende ropa militar como si se tratara de una marca comercial más. Medina sólo surte los complementos reglamentarios de los uniformes de los distintos ejércitos y sus clientes son, mayoritariamente, militares o coleccionistas. Entre estos últimos hay un cliente de excepción, el actor Cristopher Lee, el mítico Drácula, que posee una valiosa colección de condecoraciones militares. En sus vitrinas y cajones se pueden encontrar más de cuarenta tipos distinos de medallas, algunas auténticas reliquias, como la condecoración de la División Azul, con cruz gamada incluida. También otras ahora en alza, como la de las fuerzas de seguridad de la ONU en la antigua Yugoslavia.

Aunque el cartel del exterior reza “Efectos Militares Medina”, el negocio cada vez se enfoca más hacia la confección de banderas y pendones bordados a mano para clubes náuticos, ayuntamientos y comunidades autónomas. Medina también dispone de complementos para las fuerzas de seguridad del Estado, como placas, carteras y pitos. Para adquirir alguno de estos productos, como las placas de identificación, se requiere una autorización de la fuerza de seguridad correspondiente.

A DESTACAR

- Gorras militares
- Banderas
- Pendones

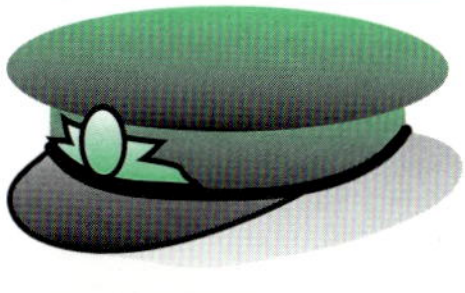

ÍNDICE DE TIENDAS CON ENCANTO

ÍNDICE DE TIENDAS CURIOSAS

ÍNDICE DE TIENDAS CURIOSAS

ÍNDICE DE TIENDAS CURIOSAS

ÍNDICE DE CALLES

A

B

C

D

E

F

G

H

J

L

M

ÍNDICE DE CALLES

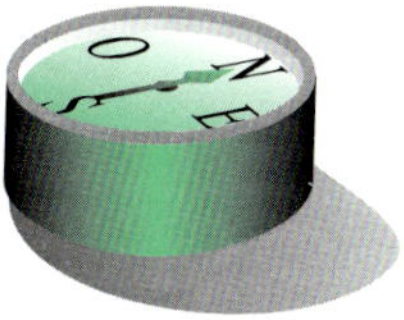

ÍNDICE DE ARTÍCULOS

ÍNDICE DE ARTÍCULOS

G

H

I

J

L

M

N

O

P

ÍNDICE DE ARTÍCULOS